Vea mejor sin gafas

Dr. Robert-Michael Kaplan

Vea mejor sin gafas

Traducción de David Chiner Benjuya

ROBIN BOOK

Si usted desea que le mantengamos informado
de nuestras publicaciones, sólo tiene que remi-
tirnos su nombre y dirección, indicando qué te-
mas le interesan, y gustosamente complacere-
mos su petición.

Ediciones Robinbook
Información Bibliográfica
Aptdo. 94.085 - 08080 Barcelona

Título original: *Seeing Without Glasses.*
© 1994 by Robert-Michael Kaplan.
  First published by Beyond Words Publishing, Inc., Hillsboro,
  Oregon. All rights reserved.
  Published by arrangement with Linda Michaels Limited,
  International Literary Agents.
© 1996, Ediciones Robinbook, SL.
  Aptdo. 94.085 - 08080 Barcelona.
Diseño cubierta: Regina Richling.
Fotografía: Incolor.
ISBN: 84-7927-176-0.
Depósito legal: B- 19.331-1996.
Impreso por Libergraf, Constitució, 19, 08014 Barcelona.

Impreso en España - *Printed in Spain.*

*A todos los que me habéis recordado
que se mira desde el corazón, gracias*

Cómo utilizar este libro

Vea mejor sin gafas se divide en cuatro partes.

En la primera parte se aborda la forma del ojo a nivel físico, se analizan los aspectos culturales causantes de su pérdida, y se enseña a detectarlos y combatirlos mediante ejercicios.

En la segunda parte se explica como las fluctuaciones de la forma visual son parte de la vida cotidiana, se investigan las conductas asociadas a cada modo de usar la vista y se describen técnicas para adaptarse a situaciones cambiantes. También se detallan las dietas y ejercicios mediante los cuales se puede influir en la vista. Gracias a estas técnicas usted podrá preparar su cuerpo para alcanzar una forma física y visual óptima.

En la tercera parte, se introduce el concepto de ojo mental y se analiza la influencia en nuestra visión de la manera de interpretar mentalmente los sucesos. En concreto, se explica cómo alcanzar una buena forma visual depende de un funcionamiento armonioso de ambos ojos en lo que se denomina «coordinación global de la mente y la vista».

En la cuarta parte, se ofrece la posibilidad de iniciar el programa *Vea mejor sin gafas* para mejorar la vista en tres fases. Paso a paso se describen los ejercicios, así como el modo de controlar la biorretroalimentación y de evaluar los progresos.

Le invito a que, mediante este libro, explore los niveles de forma visual más adecuados a sus necesidades. Las tres primeras partes son una introducción a la teoría, investigación y patología, que subraya el concepto de forma visual expuesto en *Vea mejor sin gafas*. Le recomiendo que lea las tres partes al menos una vez, para familiarizarse con el lenguaje y los conceptos. Después, utilice cualquiera de las ideas o ejercicios (juegos visuales) relacionados con su situación particular. La cuarta parte presenta una explicación más profunda de cómo desarrollar un programa de forma visual para usted mismo. El material se presenta de tal manera que puede utilizar sólo aquellos elementos del programa adecuados a sus necesidades. Algunas veces quizás desee aplicar los consejos dietéticos mientras que otras encuentre divertido llevar un parche. Quizás seleccione algunos juegos visuales y ejercicios aeróbicos, o siga el programa completo. Sea cual sea su nivel de participación, conseguirá mejorar su visión. Podrá repetir cualquier parte del proceso cuando lo necesite.

A menudo recuerdo a mis pacientes que mejorar la vista es un viaje. Unas veces necesitará detenerse, mientras que otras deseará avanzar a toda máquina. Cualquiera que sea su camino, no descuide la calidad.

Introducción

Según una concepción perpetuada por la industria oftalmológica, en nuestra civilización occidental, tener una visión de 20/20 representa un nivel ideal de normalidad. Si puede ver una letra de una pulgada (2,54 cm) a una distancia de diez pies (tres metros), entonces su visión se considera «normal». Cuando la enfermera del colegio, el oftalmólogo o el médico de cabecera le diagnostican 20/20, usted respira tranquilo. Si lleva gafas o lentes de contacto, se siente agradecido porque éstas, artificialmente, le permiten tener una visión de 20/20. Seguramente estará leyendo este libro para saber cómo conservar o alcanzar una visión de 20/20 sin necesidad de gafas.

Para empezar, debe comprender que en nuestra cultura una visión nítida es más bien una excepción a la regla. ¿Por qué si no en Estados Unidos más de cien millones de personas tiene dificultad para percibir detalles a una cierta distancia, y al menos seis de cada diez recurren a mecanismos artificiales para ver con claridad? ¿Por qué a tanta gente se le diagnostican posibles enfermedades crónicas de la vista como degeneración macular, cataratas, glaucoma o desprendimientos, sin que se les ofrezca otra ayuda que la cirugía y la medicación? Sus opciones se ven gravemente limitadas a pesar de la abundancia de métodos complementarios de autoayuda que podrían serles útiles si supiesen aplicarlos.

Aunque tenga una visión de 20/20 y no necesite gafas, es posible que se encuentre entre el creciente número de personas con vista fatigada. Síntomas como dolor, quemazones, picores, visión borrosa, pitidos o dificultad para comprender

11

lecturas prolongadas suelen coincidir con una pérdida de eficiencia visual. A veces, indican una disminución de la capacidad del cerebro para dirigir los ojos. Afortunadamente, puede corregir el problema aprendiendo una serie de ejercicios que se practican y perfeccionan como quien aprende a tocar un instrumento.

Vea mejor sin gafas enseña nuevas maneras de mejorar la vista y cómo complementarlas con su oftalmólogo. Esta aproximación incorpora técnicas desarrolladas a partir del estudio de la refracción ocular, el diagnóstico y tratamiento de enfermedades oculares, la prescripción de lentes y otras terapias complementarias. Además, se enfatiza el poder curativo de las vitaminas, minerales y hierbas. El principal objetivo de este libro es motivarle para que se haga cargo del bienestar de sus ojos y aprenda a recurrir a su oftalmólogo como un apoyo.

Las líneas esbozadas en este libro se basan en una premisa clave: al igual que la forma física, la forma de los ojos es mejorable –la manera como trabajan juntos, su vigor o su interacción con el cerebro–. Su oftalmólogo probablemente le diagnosticó un tratamiento basándose en el criterio occidental. *Vea mejor sin gafas* es un puente entre la tecnología de la medicina occidental y la sabiduría de la medicina intuitiva. Gracias a esta propuesta complementaria, usted podrá modificar el diagnóstico de su médico.

Vea mejor sin gafas es una oportunidad para ver más allá de lo que aceptamos como normal y comprender que es posible poner la vista en forma.

Usted se preguntará si pretendo que tire inmediatamente sus gafas o lentes de contacto. No, simplemente sugiero que, al igual que las pesas, las zapatillas deportivas o las raquetas de tenis, pueden ser utilizadas como herramientas terapéuticas. Correctamente prescritas, permitirán que sus ojos y su cerebro aprendan a trabajar en equipo.

A medida que mejore su forma visual, desarrollará una nueva relación terapéutica con sus gafas. Aunque no las utilice habitualmente, notará como aumenta la capacidad de sus ojos para leer, realizar labores de precisión, trabajar con ordenador, juzgar distancias y hacer deporte.

Al comprender mejor cómo funcionan sus ojos y cómo se puede mejorar o perder la forma visual, podrá participar activamente en su cuidado. Al igual que sabe cuándo su coche necesita gasolina, cambiar el aceite o una reparación, usted aprenderá a saber cuándo sus ojos necesitan descansar o ser ejercitados.

Sus ojos le envían constante información. El programa de forma visual expuesto en este libro le ayudará a interpretarla. Si lleva usted gafas, padece alguna enfermedad ocular o tiene los síntomas básicos de una visión borrosa o cansada, sus ojos le estarán transmitiendo algún sutil mensaje. Cuando mis pacientes descubren esta comunicación oculta, la forma de sus ojos casi siempre mejora y su vista se agudiza.

Vea mejor sin gafas aborda el futuro del cuidado de la vista, un futuro en el que usted participará activamente en la prevención de los problemas oculares, y en el mantenimiento de un alto nivel de forma visual. Ello no significa que su oftalmólogo vaya a quedar obsoleto, sino que su papel será el de un maestro o guía en la búsqueda de la forma visual óptima.

Los programas de forma visual están siendo incorporados en las escuelas para que los niños puedan proteger y fortalecer su visión mediante ejercicios. Incluso se aplican terapias especiales para ayudar a personas con problemas de aprendizaje y lectura como los disléxicos, que se enfrentan a la inversión, transposición y sustitución de letras y palabras enteras.

Aunque usted no padezca ningún problema específico de visión, los programas de forma visual mejorarán la calidad de su trabajo. De hecho, actualmente están siendo utilizados para combatir la alta incidencia del cansancio visual, en los lugares de trabajo poblados de ordenadores y otros aparatos electrónicos. Practicando estos programas de forma visual descubrirá además cómo funcionan los ojos.

Quizás se pregunte por qué esta forma de pensar no es más común. ¿Por qué hasta ahora el cuidado de su vista no ha incluido la prevención y la mejora? ¿Por qué de este tipo de cuidados sólo se ocupan unos pocos miles de optómetras especializados en terapia conductual de la vista?

Existen varias respuestas para estas preguntas, pero yo intentaré dar una breve visión general describiendo mi punto de vista. Como profesor en dos facultades de optometría en Texas y Oregón, he podido observar que a los futuros doctores en optometría se les enseña que el tratamiento de la vista requiere la aplicación de gafas o lentes de contacto. Según este punto de vista tradicional, si sus ojos son defectuosos, necesitan un aparato «correctivo». Sería razonable pensar que, una vez completada la terapia, se podría prescindir del «correctivo», pero ése no es el caso. A medida que nos prescriben lentes más potentes, dependemos más de ellas como quien depende del azúcar, las drogas o el alcohol.

Yo mismo padecí esta mentalidad cuando estudiaba oftalmología; creía realmente que prescribiendo potentes lentes a mis pacientes les ayudaba a ver mejor. Tras trabajar con cientos de pacientes como optómetra, comprendí que estaba contribuyendo a debilitar su vista.

En las páginas siguientes resumo el modo de complementar los programas habituales de visión, con una ayuda concreta que va más allá del efecto paliativo de las gafas muy graduadas. La forma visual requiere que cada cual se haga responsable de su visión, recurriendo a ejercicios adecuados a sus necesidades. Estos ejercicios estimulan o relajan los ojos y la mente para recuperar su capacidad natural. Usted es su mejor maestro y de usted depende incorporar estas prácticas en su vida cotidiana. Procure no caer en el error de pensar que los ejercicios confirman un defecto. Sus problemas de vista sólo son síntomas del abuso, cansancio y sufrimiento de sus ojos, y pueden ser curados.

En este libro encontrará la información necesaria para mejorar su visión, mediante las mismas técnicas que me permitieron dejar de llevar gafas y reducir la doble visión en casi un noventa y cinco por ciento. Otros han reducido su dependencia de las gafas entre un cuarenta y un ciento por ciento, y algunos pacientes han conseguido incluso regenerar partes de su tejido ocular, en contra de lo afirmado por su oftalmólogo. No desespere, busque una segunda opinión, practique las técnicas de este libro, anímese a contactar conmigo. Puedo dirigir una consulta a distancia mediante teléfono, fax o casetes para personalizar su aproximación a *Vea mejor sin gafas*. ¡Disfrute sus descubrimientos!

Primera parte

1

LA FORMA DEL OJO FÍSICO

1. ¿Qué es la forma visual?

En proporción a su tamaño, los ojos están más irrigados y conectados a más nervios que la mayor parte de los órganos del cuerpo. Existe además una importante relación entre el cerebro y la forma de los ojos: aproximadamente el cuarenta y nueve por ciento de los nervios craneales conectados al sistema nervioso son sólo para los ojos.

Los autores de *Total Fitness,* Morehouse y Gross, definen la forma como la habilidad para responder a las exigencias del entorno. Forma visual implica pues vista nítida, coordinación de ambos ojos y comprensión de lo que se percibe. Todo ello tanto si se trata de una forma visual natural o «desnuda» (sin aparatos correctores), como de otra obtenida mediante gafas o lentillas.

Claridad de la vista

Quizás se haya percatado o le hayan dicho que su vista no es de 20/20. Esta poca visión o visión borrosa puede considerarse una pérdida de forma visual.

Incluso si su vista es de 20/20 puede que padezca quemazones o picores en los ojos, vea doble, se canse o tenga poca capacidad de comprensión. Estos síntomas o comportamientos indican una falta de forma visual y vigor. (En algunos casos, la pérdida de forma visual es debida a enfermedades del ojo, aspecto que trataremos en un capítulo posterior.)

Si le cuesta ver con claridad lo que lee, también padece una pérdida de forma visual. En ese caso, el sistema de enfoque de sus ojos está perdiendo su habilidad natural para adaptarse. Aunque para la mayoría de oftalmólogos esta pérdida es consecuencia natural del envejecimiento, he visto a pacientes que, mediante una mejora de su forma visual, prolongaban su habilidad para enfocar.

———————

Mary, de 55 años, era présbita y llevaba unas bifocales pres-critas recientemente con una lente para las distancias cortas y otra para las largas. Tras un mes practicando las técnicas para poner en forma la vista descritas en este libro, pudo llevar gafas de lectura con un sólo tipo de lente y de graduación similar a las que llevaba cuando tenía cuarenta y pocos años. Mary no tiró sus gafas, se limitó a recuperar trece años de forma visual.

———————

También puede recurrir al programa de forma visual si es miope y/o tiene astigmatismo. Miopía, significa que se es incapaz de ver claramente objetos lejanos. El astigmatismo suele referirse a una córnea con curvatura desigual en los diferentes meridianos. Ello obliga a cambiar constantemente de enfoque y puede provocar visión borrosa o doble, cansancio e incluso dolores de cabeza.

———————

Linda padeció miopía y astigmatismo durante veinticinco años, y necesitaba gafas para conducir. Tras seis meses apli-cando los conceptos y técnicas de este libro, pudo aprobar el examen visual del permiso de conducir. Por primera vez en diecinueve años como conductora, Linda pudo conducir le-galmente sin lentes correctoras. A los treinta y seis, Linda era capaz de ver como cuando tenía diecisiete, recuperó su vista sin necesidad de gafas o lentillas.

———————

EL TRABAJO EN EQUIPO DE LOS OJOS

En un noventa y cinco por ciento de casos, los oftalmólogos prescriben un corrector de 20/20 a quienes necesitan gafas o lentillas. Sin embargo, en mi investigación sobre el cansancio y la doble visión, he constatado que en un setenta y cinco por ciento de veces la prescripción de lentes muy graduadas para la miopía y el astigmatismo altera la manera de coordinar los ojos.

Su médico probablemente le prescribirá lentes estudiando cada ojo por separado, creyendo que este estudio individual le servirá en un mundo que miramos con ambos ojos. Sin embargo, mis investigaciones clínicas han demostrado que las prescripciones basadas en estudios individuales tienden a ser lentes demasiado graduadas, y creo que ello influye en la pérdida de forma visual.

Durante años he examinado a los pacientes con ambos ojos abiertos y he descubierto que, reduciendo la graduación de las lentes correctoras, los ojos trabajan más coordinados. De esta manera, se pone la vista en forma y se minimiza el cansancio visual.

¿Qué hay de la colaboración de los ojos en personas que no llevan lentes correctoras? Un amplio porcentaje de personas con visión 20/20 tiene dificultades en tareas de precisión para las que los ojos no están biológicamente adaptados. Los ojos están diseñados para una visión en tres dimensiones, rápida y multifocal. Pero las pantallas de ordenador, libros, periódicos y otros objetos llenos de detalles, obligan a sus ojos a enfocar a una distancia fija y en sólo dos dimensiones. Por ello, leer durante largo tiempo, trabajar ante una pantalla de ordenador, coser y otras tareas a poca distancia pueden provocar diferentes tipos de cansancio visual. En un setenta por ciento de casos, mientras estos síntomas no afecten a la claridad de la visión, es difícil relacionarlos con la coordinación de los ojos. Afortunadamente, los ejercicios de forma visual pueden ayudarle a poner en forma ambos ojos.

DAR SENTIDO A LO QUE VEMOS

Aunque sea capaz de pegarle a una pelota rápida, leer frases y observar datos en una pantalla sin dificultad, quizás no pueda comprender todo el sentido de lo que lee. Por ejemplo, aunque su visión sea de 20/20 puede que, tras un rato leyendo, su mente empiece a divagar, se aburra o se duerma. Quizás pueda almacenar datos en un ordenador pero siente cómo su vista se cansa tras un tiempo asimilando razonamientos, buscando datos o siguiendo símbolos móviles.

Las personas que entran en esta categoría –buena vista pero algunas dificultades para interpretar lo que ven– tienden a ser un poco présbitas, como si sus ojos estuviesen diseñados para ver de lejos. Por otro lado, quienes llevan gafas y lentillas para la miopía tienden a ser buenos lectores y excelentes estudiantes porque sus ojos están bien adaptados a la lectura.

Estos aspectos de la forma visual decrecen con el tiempo, como si nuestros ojos perdiesen gasolina con la edad. Aún así, la forma visual, como la física, puede ser mejorada. Tanto la irrigación de los ojos como su conexión nerviosa con el cerebro puede ser estimulada. Los ejercicios de forma visual de este libro le enseñarán a maximizar su visión y a aumentar su bienestar general.

¿CÓMO MEJORAR SU VISTA?

Del estudio de los casos clínicos se desprende que algunos comportamientos están relacionados con la forma visual. El siguiente cuestionario le ayudará a identificarlos.[1] Indique en una escala del cero al diez el grado de dificultad que suponen estas actividades para usted.

Si en algún apartado ha obtenido una puntuación superior a cinco, entonces su habilidad para desarrollar esa actividad puede mejorar si pone su vista en forma.

Llegado a este punto del libro, usted debería estar mejor preparado para participar como usuario inteligente en su propio programa de forma visual. Armado con estas preguntas y los conocimientos que ha adquirido, está listo para solicitar el tipo de cuidados visuales que desee. Encuentre a un optómetra u oftalmólogo en esta línea para que trabaje con usted.

---

1. Algunas preguntas se modificaron a partir de *Eye Power* (Alfred A. Knopf, Inc.). Copyright © 1979 Ann y Townsend Hoopes.

CUESTIONARIO DE FORMA VISUAL

	No	Sí	Muchos
1. ¿Tiene usted problemas para ver de cerca cuando lee, escribe una carta o estudia?	0 1 2 3 4 5 6 7 8 9 10		
2. ¿Tiene problemas cuando cambia de actividad (como al dejar un proyecto para ponerse a cocinar)?	0 1 2 3 4 5 6 7 8 9 10		
3. ¿Le cuesta jugar y disfrutar del tenis, baloncesto o cualquier deporte con pelotas y jugadores moviéndose rápido?	0 1 2 3 4 5 6 7 8 9 10		
4. ¿Lee usted despacio (menos de 200 palabras por minuto) o padece caídas en su velocidad de lectura?	0 1 2 3 4 5 6 7 8 9 10		
5. ¿Le cuesta leer mapas o visualizar figuras geométricas?	0 1 2 3 4 5 6 7 8 9 10		
6. ¿Tiene problemas para visualizar lo que lee o imaginar situaciones hipotéticas (como el sol brillando en un día de lluvia)?	0 1 2 3 4 5 6 7 8 9 10		
7. ¿Tiene problemas para jugar a descubrir palabras incógnita, pierde su sentido de la orientación o le cuesta permanecer quieto mientras lee?	0 1 2 3 4 5 6 7 8 9 10		
8. ¿Le cuesta leer por placer?	0 1 2 3 4 5 6 7 8 9 10		
9. ¿Tiene problemas para concentrarse en hechos complementarios (como leer mientras toma notas)?	0 1 2 3 4 5 6 7 8 9 10 0 1 2 3 4 5 6 7 8 9 10		

(continúa en página siguiente)

23

CUESTIONARIO DE FORMA VISUAL *(continuación)*

		No		Sí		Muchos
10.	Se marea mientras lee en el coche?	0 1 2 3 4 5 6 7 8 9 10				
11.	¿Representa para usted un reto organizar sus capacidades visuales y mentales para leer y escribir correctamente (por ejemplo, para comprender el punto de vista de un autor o escribir una historia corta)?	0 1 2 3 4 5 6 7 8 9 10				
12.	¿Está usted descontento con su capacidad de lectura (ver el punto 11)?	0 1 2 3 4 5 6 7 8 9 10				
13.	¿Tiene problemas para recordar o reproducir correctamente un dibujo, texto o algo que haya visto (como, por ejemplo, observar una escena y después enumerar sus elementos sin volverlo a comprobar)?	0 1 2 3 4 5 6 7 8 9 10				
14.	¿Tiene problemas para resolver problemas prácticos o teóricos sin papel y lápiz?	0 1 2 3 4 5 6 7 8 9 10				
15.	¿Empeora su vista cuando hay movimiento, o ve oscilar el horizonte cuando anda?	0 1 2 3 4 5 6 7 8 9 10				
16.	¿Le cuesta calcular la posición de los objetos (por ejemplo, calcular la distancia de aquello que quiere alcanzar)?	0 1 2 3 4 5 6 7 8 9 10				
17.	¿Se equivoca a menudo calculando la posición de un objeto (ver el punto 16)?	0 1 2 3 4 5 6 7 8 9 10				
18.	¿Le incomodan las aglomeraciones en los teatros o tiendas?	0 1 2 3 4 5 6 7 8 9 10				
19.	¿Le cuesta seguir objetos en movimiento?	0 1 2 3 4 5 6 7 8 9 10				

2. La pérdida de forma visual

Menos del diez por ciento de la población ha nacido con visión borrosa, binocularidad alterada o con los ojos enfermos. No obstante, al llegar a la edad adulta, un inquietante sesenta del noventa por ciento restante padece presbicia, miopía, astigmatismo, estrabismo o enfermedades del ojo. Esta provocadora estadística demuestra claramente que en nuestra cultura estamos perdiendo poco a poco la forma visual.

Desde que nacemos hasta que somos adultos, nuestra interacción con el entorno nos hace perder la forma visual. Entrevistando a miles de pacientes, determiné algunos de los factores ambientales que causan problemas de vista:

▶ Dietas inadecuadas como las ricas en carbohidratos simples y otros productos refinados
▶ Comer estando alterado
▶ La concentración excesiva en la escuela
▶ Malos hábitos de lectura
▶ Aire, agua y alimentos contaminados por conservantes y otros productos químicos
▶ Consumo excesivo de azúcar
▶ Exposición insuficiente a la luz del sol
▶ Lugares de trabajo mal diseñados
▶ Competitividad en la escuela y los deportes
▶ Falta de ejercicio físico
▶ Ruptura del modelo tradicional de familia
▶ Divorcio
▶ Movimiento frecuente
▶ Ver demasiado la televisión

- ▶ Malas pantallas de ordenador
- ▶ Adicción a comportamientos negativos

Si alguna vez tiene la posibilidad de estar con aborígenes de países no industrializados, observe como mueven los ojos: pasan rápidamente de enfocar objetos cercanos a otros lejanos. Sus ojos miran de izquierda a derecha, de arriba abajo o en diagonal, utilizando los músculos.

El ojo humano está diseñado para moverse y enfocar a larga distancia. Está diseñado para la caza, la recolección de frutos, la agricultura y la ganadería. Sin embargo, en los países industrializados, se ha desarrollado una tecnología que requiere una modificación de la visión natural. Nuestros ojos deben adaptarse a una serie de tareas académicas y profesionales que exigen permanecer largas horas sentado ante un escritorio, mirar una pantalla de ordenador, mecanografiar, revisar datos, leer libros o coordinar los ojos y las manos con gran precisión. También deben adaptarse a las luces fluorescentes, el aire acondicionado, el calor, y un bombardeo de partículas de alfombras sintéticas, escritorios, sillas, papeles, tintas y pinturas. Poco que ver con la selva virgen, las exuberantes praderas y las prístinas cumbres, donde viven nuestros congéneres en estado natural.

Además, debemos lidiar con reuniones de trabajo, fechas límite, negociaciones y presupuestos. Todas estas exigencias pueden afectar a nuestra forma visual; quizás haya advertido que ve mejor los días que está más relajado.

Estos cambios ambientales no han ocurrido de la noche a la mañana, sino que ha tenido lugar un lamentable proceso hasta llegar al punto en el que más de cien millones de personas en los Estados Unidos necesitan gafas o lentillas para la miopía. Nuestro cerebro y ojos, diseñados para ver de lejos, han debido adaptarse a tareas académicas y profesionales. La miopía supone hoy una perfecta adaptación: mantenemos los ojos en forma para las distancias cortas, a expensas de la nitidez a distancias medias y largas.

En el capítulo 1 se menciona el cansancio que puede provocar la prescripción de gafas o lentillas demasiado graduadas, pues una graduación para ver de lejos puede ser demasiado fuerte para trabajos a poca distancia. De hecho, el setenta por ciento de las veces se prescriben lentes para ver de lejos que producen cansancio cuando se mira de cerca. Quizás no vea las cosas muy borrosas de cerca pero experimente incomodidad, cansancio o incluso sueño mientras lea, trabaje con ordenador o realice otras tareas a poca distancia. Esto también puede ocurrirle aunque tenga una visión de 20/20 sin lentes.

Si es así, quizás sus ojos le estén haciendo saber que ya no están en forma. Con el tiempo, sus ojos pueden perder la capacidad de coordinarse y entonces su cerebro, desesperado, acabar cortando alguna imagen.

Generalmente, cuando experimenta este tipo de sensación cree que algo va mal. Quizás piense que está cansado, que sus ojos se debilitan o que necesita gafas más graduadas. *Vea mejor sin gafas* representa una alternativa: puede interpretar estos síntomas de la misma manera que una señal de aviso en su coche y tomar medidas para restaurar su forma visual.

¿Qué hacer cuando sienta que su forma visual decae? Uno de los primeros síntomas de cansancio en el cuerpo es la respiración entrecortada. Al estar situados lejos del corazón y los pulmones, una respiración insuficiente puede privar a los ojos de nutrientes esenciales. Entonces, su visión puede resultar borrosa u oscura. Lo más probable es que estará mirando fijamente con la cabeza un poco adelantada. El mejor ejemplo de esta mirada la encontrará en los que le rodean en un semáforo a las cinco de la tarde de un día laborable. Fíjese como tienen la mirada perdida en el espacio y no parpadean.

Verifique su respiración, ¿es insuficiente? Respire hondo. Escuche. Sienta su pecho y su estómago moverse. Parpadee. Compruebe la posición de su cuerpo. Es como estar en un taller comprobando la presión y los niveles de agua y aceite de su coche.

A medida que más gente padece pérdidas de visión a causa del cansancio en sus oficinas y hogares, se hace más importante que nunca tomar medidas para poner en forma la vista. Usted puede ignorar la realidad de la forma visual y confiar únicamente en técnicas artificiales, pero también puede poner sus ojos en forma, del mismo modo que pone en forma su cuerpo. Empiece a proteger su vista siendo consciente de cuándo deja de estar en forma.

3. Los ojos como mecanismo retroalimentado

En casi todas las formas de relación interpersonal que se practican en Occidente, los ojos son el objeto de la mirada. Son el verdadero «espejo de alma», y revelan una increíble cantidad de comunicación no verbal.

Si está al tanto de sus ojos, advertirá como se ven afectados por muchas variables de su vida cotidiana. Quizás recuerde del capítulo anterior los muchos factores mentales y ambientales que pueden causar una pérdida de forma visual. La comida que come, el tipo de ejercicio que realiza, sus relaciones con los demás y las satisfacciones o fracasos que conllevan pueden causar fluctuaciones en la calidad de su visión.

La pérdida de forma visual es progresiva, nadie contrae miopía, presbicia o astigmatismo de la noche a la mañana. Un buen optómetra puede prever las etapas de la pérdida de forma visual y, de la misma manera, medir los cambios físicos cuando la recuperamos.

ESCUCHAR LO QUE DICEN LOS OJOS

Antes de profundizar en el concepto de los ojos como mecanismo retroalimentado, repasemos el significado de una vista 20/20. La relación 20/20 mide el estado de la vista y se diagnostica a quien puede ver una letra de una pulgada (2,54 cm.) a una distancia de seis metros. Si en cambio sólo puede ver a seis metros una letra diseñada para ser vista a doce, su proporción es de 20/40.

La mayoría de oftalmólogos sigue una antigua norma, y

prescribe al paciente la graduación necesaria para garantizarle una visión del ciento por ciento a seis metros.

Esta manera de proceder deja mucho que desear. Hace algunos años, mis pacientes empezaron a preguntarme si existía alguna manera de mejorar la vista de modo natural, les preocupaba que a cada nueva visita les comunicase que su graduación debía ser aumentada.

Como respuesta, probé reducir la graduación de las lentes prescritas y, tras un cierto número de ensayos, el nivel óptimo de forma visual me pareció estar alrededor del 83,6%. Cuando la nitidez de la visión era inferior al 83,6%, a los pacientes el mundo les parecía demasiado borroso y les frustraba su poca capacidad de visión. Si en cambio la nitidez era superior, los pacientes no tenían motivos para mejorar su forma visual. Por ello, examinaba a los pacientes con la proporción 20/40 como referencia. Si el paciente padecía miopía y/o astigmatismo, reducía la graduación por igual en ambas situaciones. Para la presbicia, recurría a los optotipos-C para ver de cerca y/o de lejos (ver capítulo 12), y aplicaba reducciones similares.

La mayoría de los miles de pacientes que tomaron parte en este experimento, afirmaron estar muy contentos con sus nuevas prescripciones: su visión era más suave y en general ello les relajaba. Cuando estos pacientes miraban a lo lejos, los objetos cercanos les parecían automáticamente más claros. Ello explica que al mirar a tres metros de distancia, su visión alcanzase un ciento por ciento.

Usted se preguntará: *¿Por qué usar lentes que no corrigen del todo la vista?* Además de las ventajas ya mencionadas, una prescripción reducida permite que su cerebro y ojos aprendan a colaborar más armoniosamente. Si lleva gafas prescritas para proporcionarle una visión de 20/40 o del 83,6%, podrá entrenar a sus ojos, cerebro y músculos para que consigan al 16,4% restante con el que alcanzar una visión de 20/20.

A estas lentes las llamaremos del tipo forma visual. Cuando las lleve (en gafas a ser posible, porque son más fáciles de quitar), podrá controlar los cambios de forma visual en algunos momentos del día. Mis pacientes han constatado que su forma visual se ve afectada por varios elementos de su estilo de vida como la dieta, las posturas, los ejercicios aeróbicos, el nivel de estrés en el trabajo, los hábitos de lectura, las horas pasadas trabajando ante una pantalla, los cambios climáticos y las fluctuaciones emocionales. (La manera como algunos de estos factores afectan a la visión se discute en los capítulos 6 a 9.)

Observando las fluctuaciones de su calidad visual, aprenderá a interpretar la retroalimentación proveniente de los ojos. Por ejemplo, podrá tomar medidas contra el estrés en el trabajo si advierte que le hace perder su forma visual. Recuerde que puede mejorar su vista respirando profundamente para aportar más oxígeno y nutrientes a los ojos, o también enfocando su nariz (cruzando los ojos) para después mirar a lo lejos. Con el tiempo, mediante este tipo de ejercicios y los cambios necesarios en su estilo de vida, puede estabilizar la vista en un ciento por ciento llevando lentes del tipo forma visual. Entonces, su médico quizás le prescriba lentes aún menos graduadas con las que repetir el proceso.

A medida que reduzca la graduación de sus lentes también mejorará su capacidad para ver sin ellas. Se encontrará usando lentes menos graduadas, viendo mejor sin ellas y sabiendo cómo utilizarlas.

En el transcurso de mis investigaciones clínicas, comparando prescripciones de alta graduación con otras como las aquí propuestas, descubrí que los pacientes que recurrían a las primeras toleraban menos el estrés. Quienes siempre utilizaban lentes graduadas al máximo, se cansaban pasado un tiempo y padecían una reducción de su visión en profundidad.

De hecho, parece que el cerebro y los ojos «prefieran» lentes prescritas para obtener una vista del 83,6%, porque así pueden ejercitarse. Al igual que el resto de músculos del cuerpo, el cerebro y los ojos responden bien al ejercicio. Imagínese intentando fortalecer un brazo con un entablillado que lo aprisiona. Llevar lentes del tipo forma visual es como librarse de ese entablillado para poder fortalecer los ojos.

Aunque su vista sea de 20/20, también puede aprovechar la retroalimentación que recibe de los ojos para aumentar su productividad y combatir el cansancio. Recuerde por ejemplo cómo se siente tras largo tiempo leyendo: ¿decae su comprensión?, ¿se pone a divagar?, ¿se adormece? Con su vista de 20/20 quizás tenga menos capacidad para recordar detalles que alguien con vista 20/50.

Si su vista es de 20/20 pero su capacidad de comprensión decae y le cuesta concentrarse, seguramente necesite incrementar la función de los músculos del ojo y su coordinación con el cerebro. Personas con visión natural de 20/20 que no coordinan correctamente los ojos se cansan y ven borroso cuando trabajan ante una pantalla de ordenador, sienten arder sus ojos después de leer, o se les secan cuando se concentran en cualquier otra tarea a poca distancia.

Algunos pacientes pueden mejorar su vista mediante gafas especiales para ver a poca distancia llamadas «gafas para descansar la vista» o «gafas para enfocar». Recomiendo fervientemente que su uso se complemente con ejercicios de forma visual para no acabar siendo adicto a ellas. Una buena manera de conocer su nivel de dependencia es comprobar si ve los objetos cercanos más borrosos cuando se las quita. Si es así, las gafas pueden estar reduciendo su capacidad natural de visión.

La razón para llevar cualquiera de las lentes aquí descritas es ver mejor mientras desarrolla su vista con técnicas especiales. Las gafas y lentes de contacto deberían ser consideradas ayudas terapéuticas para poner la vista en forma.

En el siguiente caso, vemos como la combinación de lentes poco graduadas y del principio de retroalimentación puede ayudarle a mejorar su forma natural.

Steven, de veinticuatro años, jugó un partido de racquetball con su amigo George al día siguiente de que le fuesen prescritas gafas del tipo forma visual. Al entrar en la pista, miró alrededor suyo con sus nuevas gafas de 20/40 y advirtió que apenas veía la hora en el reloj de la pared. Tras cuarenta minutos de racquetball, miró de nuevo al reloj mientras salían de la pista y pudo ver la hora perfectamente (ciento por ciento de forma visual). ¡Su forma visual había mejorado! Steven comprendió el proceso de retroalimentación por el cual los ejercicios aeróbicos como el racquetball mejoran la vista.

Para celebrarlo, Steven y George salieron a beber unas cervezas acompañadas con una buena ración de nachos y un postre azucarado. Cuando Steven miró a su alrededor en el restaurante, advirtió que su forma visual decaía. Esta vez Steven comprendió que algunos alimentos son indeseables, debía evitarlos o practicar más ejercicio tras consumirlos.

Anne, de treinta años, es una informática que pasa entre cuatro y ocho horas al día ante una pantalla de ordenador. Como experimento, colgó un optotipo de una pared, a unos diez pies detrás de su pantalla, de modo que si podía ver veinte líneas, su vista era de 20/40. Cada mañana Anne comprobó los cambios en su forma visual, y advirtió que su vista decaía tras unas tres horas de trabajo continuo.

Tras consultarme, Anne recurrió a técnicas descritas en el capítulo 12, como enfocar el optotipo o mover los ojos arriba y abajo vigilando la respiración. Para Anne, respirar era uno de los ejercicios más importantes porque, cuando desarrollaba una tarea compleja, contenía literalmente la respiración. Además, tras pocas horas trabajando ante la pantalla, se quedaba mirándola fijamente sin parpadear. Mediante las técnicas de forma visual, Anne pudo mejorar su vista hasta el punto de minimizar los síntomas de cansancio. Y es que la forma visual, como la física, exige un programa de ejercicios para ser mantenida una vez alcanzada.

Los pacientes con una forma visual del ciento por ciento también reconocen fluctuaciones en la claridad de su visión cuando leen, cosen, hacen punto, programan ordenadores, pintan o realizan cualquier otra actividad a corta distancia. Aunque no necesiten lentes correctoras, pueden aprovechar la retroalimentación visual para conservar la vista en buen estado.

Cuando padezca visión borrosa, cansada o distorsionada, saque tiempo de la actividad que realice para respirar profundamente, enfocar a una distancia diferente, ejercitar los músculos del cuerpo, bostezar y parpadear. Se trata de técnicas básicas para mantener altos niveles de forma visual.

Los estados emocionales y mentales también pueden afectar a la forma visual. Creo que los adultos de todas las edades ríen menos de lo que deberían. ¿Cómo cree que afectará a su vista el estar triste o deprimido? Sonreír y ser feliz le permitirá poner en forma su vista.

Si utiliza gafas poco graduadas, si enfoca con más cuidado y sonríe se sentirá más relajado.

SUMARIO

► Siéntese y cierre los ojos para relajarse. Concéntrese en la respiración y el corazón.
► Parpadee entre cada tres y cinco segundos.
► Dirija su respiración hacia el corazón hasta que sienta como se abre; experimentará una cálida sensación de tranquilidad.
► Recuerde que su corazón representa compasión, ternura y amor.
► Abra los ojos y, con su nueva mentalidad, mire a su alrededor con amor.

Segunda parte

2

CUIDANDO LOS OJOS

4. Cómo ejercitar los músculos del ojo

Para aprovechar al máximo el programa de forma visual de este libro, es necesario tener algunos conocimientos básicos sobre la estructura y funcionamiento del ojo. Este capítulo es un viaje a través de sus diferentes partes con el fin de mostrarle para qué sirven, cómo actúan y cómo ponerlas en forma. Si aprende a representarse la anatomía del ojo, obtendrá mejores resultados de los ejercicios expuestos en este y otros capítulos.

LA CÓRNEA

La córnea es una parte brillante y curva del exterior del ojo que recubre el iris (la parte pigmentada), y controla el ochenta por ciento del poder de refracción de la vista. El líquido de las lágrimas, que nutre y lubrifica la córnea, se distribuye a través de ésta cuando parpadeamos. La frecuencia óptima de parpadeo es aproximadamente de una vez cada tres segundos, pero puede variar según el tipo de actividad al que sometemos los ojos. Por ejemplo, trabajar ante una pantalla de ordenador, leer, mirar la televisión, realizar trabajos a poca distancia o conducir un coche pueden dejarnos con la mirada fija. Como resultado, parpadeamos menos y se nos secan los ojos. Lo mismo ocurre cuando llevamos lentes de contacto, porque el cerebro las considera un cuerpo extraño y ordena reducir la frecuencia de parpadeo. Al no parpadear suficiente, los ojos no son debidamente alimentados ni lubrificados y pueden volverse llorosos, ardernos o parecernos arenosos. En este caso, el proceso de retroalimentación nos recuerda

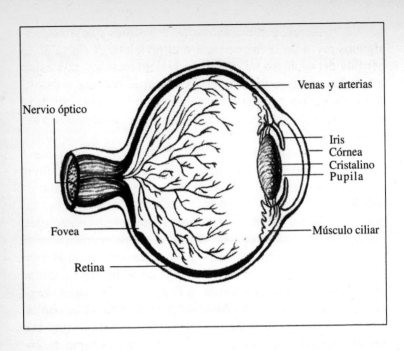

Venas y arterias

Nervio óptico

Iris
Córnea
Cristalino
Pupila

Fovea

Músculo ciliar

Retina

que debemos parpadear. Hacerlo cada tres segundos es una de las maneras más elementales de poner la vista en forma.

EL IRIS Y LA PUPILA

El iris es una membrana coloreada entre la córnea y el cristalino cuyo músculo se estimula según la intensidad de la luz. Cuando hay mucha luz, los músculos se contraen reduciendo el tamaño de esa apertura negra del centro del iris llamada «pupila». En la oscuridad, los músculos se relajan y la pupila se agranda. De esta manera, el iris regula la cantidad de luz que entra en el ojo.

La manera como el iris regula la cantidad de luz que entra en el ojo mejora si se trata del espectro completo de la luz solar. Existe un creciente número de evidencias sobre el papel benéfico de la luz, especialmente la solar, en el equilibrio del sistema nervioso. Normalmente utilizamos fuentes de luz incandescentes o fluorescentes y sólo vemos la luz solar a través de ventanas, parabrisas, gafas y lentillas que absorben algunos rayos de la luz cercana a ultravioleta. A causa de la pérdida del espectro natural de la luz, no estamos expuestos a suficientes rayos ultravioleta. Cuando el sistema nervioso se ve obligado a compensar ese déficit, se altera el equilibrio natural del cuerpo y, en última instancia, de órganos como los ojos.

John Ott, autor de *Light, Radiation and You,* afirma que la presencia del espectro completo de la luz permite reducir el tamaño de la pupila. Cuando se llevan lentes que absorben los ultravioletas, la pupila se dilata. Durante años, mi colega el doctor Raymond Gottlieb y yo hemos conjeturado que la dilatación crónica de la pupila puede predisponer al glaucoma en algunas personas. Esta enfermedad consiste en un aumento de la presión detrás del ojo que bloquea el suministro de fluidos. A quienes la padecen, se les suele diagnosticar una medicación que reduce el tamaño de la pupila. La luz solar puede conseguir el mismo resultado que esa medicación. Algunos de mis pacientes con glaucoma de ángulo cerrado han podido reducir su medicación al tiempo que mejoraban su forma visual bajo supervisión del oftalmólogo. No olvide consultar a un oftalmólogo antes de reducir su medicación.

Sugiero que pase unos veinte minutos al día al aire libre, con la cara hacia el sol y los ojos cerrados. Sienta el calor en su cara. Imagine una ración de cálida energía entrando en su cuerpo a través de los párpados cerrados e impresionando el iris. Sienta como se cierra la pupila. Parpadee y deje que la pupila se contraiga aún más cuando la luz entra en el ojo, visualice lo pequeña que es. Después de parpadear, visualice como se dilata de nuevo.

Mueva lentamente la barbilla de izquierda a derecha, respirando profundamente y parpadeando de vez en cuando. Si la luz del sol es demasiado intensa, mantenga sus ojos cerrados más tiempo entre cada parpadeo. Si advierte una tendencia a cerrar un ojo más que otro, puede padecer una pérdida de coordinación entre los ojos. Este ejercicio será descrito con más detalle en el capítulo 12.

Quizás también quiera comprobar si puede reducir su dependencia de las gafas de sol. Si el esquí o su profesión le obligan a llevarlas, consiga unas con un filtro polaroid, cristal gris o Rayban G-15. Su vista bien vale el precio de unas gafas de buena calidad que absorban los indeseables ultravioletas de baja radiación del espectro. Si depende de la luz artificial, elija fluorescentes o bombillas azules con el espectro completo (ver la lista de programas y servicios para mejorar la vista).

EL CRISTALINO Y EL MÚSCULO CILIAR

La luz que atraviesa la pupila para formar una imagen en la retina es focalizada por una estructura convexa y transparente llamada cristalino. El músculo ciliar rige la focalización, modulando el perfil del cristalino. Este músculo «focalizador» se considera un músculo involuntario porque no puede ser controlado conscientemente. Por ello, si fuerza la focalización, el músculo puede debilitarse y perder flexibilidad. Quizás advierta entonces que su vista es borrosa y que tarda más en enfocar.

La estimulación del músculo ciliar permite enfocar mejor pequeños detalles a poca distancia como cuando leemos, cosemos, hacemos punto, trabajamos con ordenador, buscamos números en el listín telefónico, etcétera.

Existen varias maneras de mantener la capacidad de enfocar:

▶ Mire un objeto lejano y enfóquelo cada pocos minutos.
▶ Mantenga su pulgar a unos quince centímetros de los ojos. Enfoque la uña, mire después a lo lejos y vuelva a enfocar la uña.
▶ Acuérdese de respirar regularmente cuando realiza tareas a poca distancia.
▶ Cuando conduzca, enfoque sucesivamente diferentes objetos como el retrovisor, el tablero, la matrícula del coche de delante, el parabrisas y la ventanilla lateral.
▶ Mientras telefonea, enfoque el auricular, los objetos de su escritorio, el paisaje tras la ventana, su bolígrafo, etcétera.

Si mantiene sus ojos en movimiento, enfocando sucesivamente a diferentes distancias, sus músculos focalizadores se volverán más flexibles y fuertes.

LA RETINA Y LA FÓVEA

La retina es una membrana sensible a la luz que reviste la parte posterior del ojo. La energía lumínica que llega a la retina se convierte en señales químicas que aportan información al cerebro a través del nervio óptico. La retina sirve para detectar movimiento en un lado del campo visual y para permitir la visión nocturna.

La percepción visual más aguda tiene lugar en una pequeña área junto al centro de la retina, llamada *fóvea centralis*. Cuando todos los rayos de luz que entran en el ojo se focalizan claramente en la fóvea, se tiene una vista de 20/20.

No se deben cansar los ojos intentando ver claramente, evite quedarse mirando fijamente un mismo lugar durante mucho tiempo, deje que sus ojos bailen y se muevan. La mirada fija supone una estimulación excesiva de la fóvea que puede endurecer el músculo focalizador y perjudicar el funcionamiento de su retina. Como resultado, dejará de ver algunos objetos en su visión periférica, porque cuando enfoca demasiado, su porcentaje visual decrece o, dicho claramente, percibe menos su entorno.

La solución es emular el modo de mirar de los indígenas, cuando vigilan a su alrededor: mantenga los ojos en movimiento constante, para que la fóvea reciba diferentes estímulos. No olvide parpadear y respirar.

LOS MÚSCULOS EXTERNOS DEL OJO

Cada ojo tiene seis músculos alrededor del globo ocular, ligados a la esclerótica (el blanco de los ojos). Gracias a ellos, los ojos pueden moverse arriba y abajo, a izquierda y derecha, para dentro y para fuera, siempre paralelos uno con el otro. La

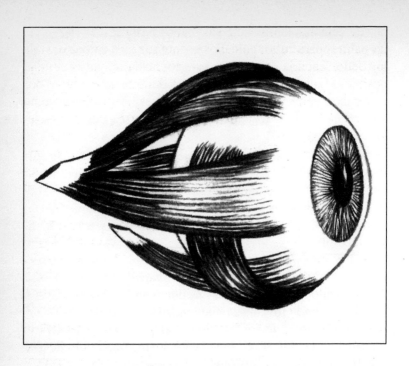

habilidad para coordinar el movimiento de estos músculos determina gran parte de la forma visual.

Para mantener estos músculos en forma deben ejercitarse como cualquier otro músculo del cuerpo: siéntese confortablemente con las manos apoyadas en los brazos del sillón y los pies en el suelo, puede tener los ojos abiertos o cerrados. Respire unas pocas veces y, cuando esté preparado, inspire mientras gira los ojos hacia arriba todo lo que pueda sin cansarse. Mantenga la respiración, y expire mientras gira los ojos hacia abajo. Repita los movimientos arriba y abajo tres veces, después, gire los ojos a la derecha e inicie un movimiento en diagonal, desde el extremo superior derecho hasta el inferior izquierdo. Repita el movimiento desde el extremo superior izquierdo hasta el inferior derecho. Si siente alguna tensión superficial en los músculos, respire con más suavidad y gire menos los ojos. Evite cansarse o forzar los músculos. Recuerde que los ojos se ponen en forma si se ejercitan relajadamente. Como cualquier ejercicio de puesta a punto, debe ir precedido por un calentamiento: frote sus manos hasta calentarlas y use las palmas para cubrir cuidadosamente sus ojos cerrados; sitúe los dedos encima de la nariz para lograr la mayor oscuridad posible. Mantenga sus ojos cubiertos durante un minuto o dos respirando entre veinte y cincuenta veces. Probablemente no sólo relajará sus ojos sino también su mente. Es como si hiciese meditar los ojos.

Cuando retire las palmas, verá los colores mucho más brillantes, con más contraste, y disfrutará de una sensación de relajación en los ojos y músculos circundantes. Compruebe si su porcentaje visual ha cambiado.

Otro ejercicio útil consiste en cruzar los ojos (no, no se quedarán así para siempre, a pesar de lo que le dijese su madre): intente mirar el puente de su nariz; si no puede, pruebe enfocar su pulgar, situado a unos centímetros de la cara, y acérquelo poco a poco hacia su nariz, mientras siente estirarse los músculos del ojo. Estos músculos, llamados *recti internos*, hacen que el ojo gire hacia dentro, un movimiento indispensable para leer correctamente durante largo tiempo. Si los *recti internos* no están debidamente coordinados, los ojos recurrirán a los músculos ciliares (focalizadores), responsables de enfocar la vista. El resultado puede ser un espasmo de esos músculos y una vista borrosa, pues existe una conexión entre el giro de los ojos y la habilidad para enfocar. Que otra persona compruebe si sus ojos giran a la vez. Inspire mientras mueve el pulgar hacia la nariz, y expire mientras enfoca un objeto lejano. Asegúrese de que sus hombros y los músculos de todo su cuerpo están relajados.

Practique este ejercicio entre diez y veinte veces al día. Puede quitarse las gafas; si lleva lentillas y puede quitárselas, hágalo también, si no, déjelas puestas.

Una última sugerencia, estudie los diagramas del ojo, e intente familiarizarse con ellos hasta poder visualizarlos con los ojos cerrados. Cuando tense los músculos del ojo, enfoque algún objeto o realice cualquier otro ejercicio, parpadee, respire y visualice la parte de su ojo que está siendo estimulada. Ello le ayudará a ver mejor y a poner en forma el conjunto de su vista.

Sus ojos bien valen el poco tiempo que necesitará al día para realizar estos ejercicios. A cambio de sus buenos servicios, ámelos, ejercítelos y manténgalos en forma.

EJERCICIOS PARA MANTENER EN FORMA PARTES ESPECÍFICAS DEL OJO

Anatomía del ojo	Ejercicio
Córnea	Parpadear cada tres segundos.
Músculos del iris/pupila	Utilizar luces con el espectro completo; exponer los ojos cerrados a la luz del sol y parpadear.
Cristalino/músculo ciliar	Respirar, enfocar a diferentes distancias.
Retina/fóvea	No quedarse con la mirada fija, mover los ojos frecuentemente.
Músculos del ojo	Tensar los músculos del ojo.
Relajación de la mente y los ojos	Cubrir los ojos con las palmas de las manos.
Forma global de los ojos	Visualizar las partes del ojo mientras se ejercitan.

5. Ser y ver, o hacer y mirar

Cuando pienso en la relación de *ser* y *hacer* con la vista, recuerdo la película *Los dioses deben estar locos*. Un día, mientras piensa en sus asuntos (es decir, mientras *es*), a un bosquimán de Sudáfrica le cae encima una botella de Coca-Cola, lanzada desde una avioneta en vuelo. La botella desencadena una serie de sucesos a causa de lo cuales el bosquimán pasa de *ser* a *hacer,* su tranquilo modo de vida se acelera, invadido por la ansiedad y la violencia. Cuando los miembros de la tribu examinan la botella, las relaciones entre ellos también cambian.

El modo de vida del bosquimán antes de encontrar la botella ejemplifica el *ser.* La mayoría de técnicas de relajación como el ejercicio aeróbico, la meditación, la biorretroalimentación, el yoga, el tai chi o el Feldenkreis producen en el cuerpo una tranquila manera de *ser* relacionada con el *ver.* Cuando usted *es,* no está concentrado en pensar o entender a través de los ojos, está más conectado con el mundo que lo rodea. Visualmente, puede imaginar el *ser* como un *ver* con la retina: lo ve todo, pero no presta atención a nada en particular.

El *hacer,* en cambio, se relaciona con el *mirar.* Intente ponerse en el lugar de un bosquimán que de pronto debe explicar el sentido de una botella de Coca-Cola. La botella le plantea todo tipo de preguntas: ¿de dónde viene?, ¿significa que los dioses están enfadados? Además, altera las relaciones tradicionales entre los miembros de la tribu, que se pelean por ella. ¡Eso sí es *hacer*! El *hacer* se relaciona con el pensar, preguntar, analizar y buscar detalles. Puede imaginarse como un *mirar* con la fóvea del ojo.

En la cultura occidental, los estímulos provenientes de la televisión, los coches, los centros de trabajo, los horarios, la escuela, la investigación científica o cualquier actividad, nos exigen *hacer*. Si pasamos mucho tiempo mirando (haciendo), practicamos un tipo de visión más foveal que exige enfocar demasiado. Este abuso empieza en el cerebro (enfoque mental) y después fuerza los músculos ciliares (enfoque ocular). Si alcanza este estado, notará que su visión se vuelve borrosa, se cansa, ve doble o se queda con la mirada fija.

En términos visuales, diríamos que hoy en día utilizamos demasiado la fóvea, y que ésa es una de las principales causas de la pérdida de vista. Cuando en nuestras vidas existe un desequilibrio entre el *ser* y el *hacer,* ese desequilibrio se traslada al cerebro. Para conservar su vista en forma debe detectar los desequilibrios, tanto entre el *ser* y el *hacer,* como entre el *ver* y el *mirar*.

Supongamos que después de cenar se sienta en su sillón favorito para leer un libro, está totalmente relajado y la iluminación es buena. Al cabo de media hora, se sorprende a sí mismo acercando el libro a los ojos. Con el tiempo, la distancia entre el libro y sus ojos disminuye entre quince y veinte centímetros. Además, siente una pequeña tensión en el cuello. Lo que empezó como un equilibrio entre el *ser* y el *hacer* se convierte en la imposición de un *hacer*. Al permanecer inconscientemente con la mirada fija, fuerza el músculo ciliar y se altera el flujo de energía proveniente del cerebro. Debe interpretar la reducción de la distancia de lectura y la tensión del cuello como una retroalimentación entre el cuerpo y los ojos, desencadenada por el excesivo esfuerzo de estos últimos.

Esta situación también puede darse mientras mira la televisión, trabaja con ordenador, cose o realiza otras actividades a poca distancia. Advierta si su piernas se cansan, se ponen tensas o las tiene cruzadas y, respecto a sus ojos, si bizquean, le duelen, los siente pesados o los tiene fruncidos. Los indicadores clásicos del paso del *ser* al *hacer* son la mirada fija, la respiración entrecortada y la baja frecuencia de parpadeo. Compruebe regularmente su postura, su respiración, su parpadeo y la distancia a la que trabaja.

¿QUÉ ES EL ESTILO VISUAL?

A cada equilibrio entre el *ser* y el *hacer* le corresponde un estilo visual, pues a lo largo de la vida adquirimos una manera de *ver* o *mirar* diferentes situaciones. Los siguientes ejercicios le ayudarán a determinar su estilo visual. ¿Prefiere *ver* o *mirar*? A continuación, señale los comportamientos en los que se reconoce.[1]

Estilo visual «ser y ver»

► Es mejor leyendo que en matemáticas.
► Tiende a cambiar de posición cuando lee o escribe.
► No es preciso expresando ideas.
► Es distraído, impulsivo, rápido e impreciso cuando realiza actividades complejas.
► Tiende a divagar o a evadirse.
► Tiende a trabajar desde lo general a lo específico.
► Le cuesta más conducir por la tarde que por la mañana.
► Le cuesta concentrarse en tareas complejas.
► Es incapaz de realizar trabajos a poca distancia; le entra sueño.
► Le cuesta concentrarse en tareas prolongadas como leer.
► Cuando se va a trabajar, se siente cansado hasta el punto de volverse irritable.

Estilo visual «hacer y mirar»

► No siempre visualiza el conjunto o el resultado de una acción.
► Tiende a perderse en los detalles.
► Tiende a ser preciso y lento en tareas que requieren un gran esfuerzo de comprensión.

1. Algunos de estos comportamientos fueron establecidos en colaboración con el optómetra doctor Richard Kavner.

- ▶ Le cuesta abandonar una tarea para concentrarse en otra.
- ▶ Cree que debe acabar lo que tiene entre manos antes de empezar otra cosa.
- ▶ Le cuesta incorporarse al tráfico.
- ▶ Le desagrada la ambigüedad y las situaciones contradictorias.
- ▶ La gente dice que tiende a ser demasiado lógico y analítico.
- ▶ Da la impresión de ser un sabelotodo.
- ▶ Tiende a ignorar los detalles que no entran en su campo de visión inmediato.

Cuente el número de comportamientos que ha señalado en cada una de las dos categorías; lo ideal sería que el número fuese igual en ambas. Si no es así, ¿qué conductas desearía adquirir o eliminar? Recuerde las situaciones de su vida cotidiana en que se pueden dar. Si por ejemplo trabaja precipitadamente en un proyecto y comete frecuentes descuidos, quizás no esté focalizando lo suficiente. En ese caso, decida el tipo de vista que desearía tener, y elija el ejercicio más adecuado para restaurar el equilibrio entre el *ser* y el *mirar*, ya sea variar de enfoque, respirar, cruzar los ojos o cubrirlos con las palmas de las manos.

Algunas explicaciones sobre el cerebro ayudarán a comprender mejor el concepto de equilibrio entre el *ser* y el *hacer,* o el ver y el *mirar.* El cerebro tiene dos hemisferios: en la mayoría de personas, las habilidades matemática, oral, lógica, analítica, lineal y rítmica residen en el izquierdo; mientras que las habilidades artística, musical y emotiva se encuentran en el derecho.

Lo ideal es utilizar ambos hemisferios pasando de uno a otro. Parece ser que si pudiésemos tratarlos por separado, cada uno de ellos poseería las cualidades enumeradas a continuación.

Desde mi punto de vista, la fóvea (*mirar*) desencadena una actividad propia del hemisferio izquierdo (*hacer*). Cuando miramos o hacemos, tendemos a ser más lógicos, a hablar más y a calcular el tiempo. También pensamos de una manera más lineal, es decir, focalizamos una línea de pensamiento. Filmando la cara de mis pacientes, he advertido que los músculos

CUALIDADES DE LOS HEMISFERIOS IZQUIERDO Y DERECHO

Hemisferio izquierdo	Hemisferio derecho
Lineal	Espacial
Ordenado	Aleatorio
Objetivo	Subjetivo
Analítico	Intuitivo
Matemático	Artístico
Verbal	Emocional
Lógico	Sensual
Temporal	Espacial
Detallado	Global (gestalt)
Físico	Creativo
Diferenciado	Indiferenciado

oculares y faciales están más tensos cuando miran. Usted mismo puede reconocer el estado de *hacer* y *mirar* advirtiendo cuándo su respiración se vuelve entrecortada, se queda con la mirada fija y los músculos de sus ojos, cuello y hombros se ponen tensos.

Cuando sea incapaz de focalizar y su vista tienda a ser general, estará decantándose hacia el estado de *ser*, más retinal que foveal, y que equivale a ser más intuitivo que analítico. Actividades como el arte, la música, la danza, el dibujo y algunos deportes promueven un estado de *ser*, y, por tanto, de *ver*.

Es peligroso practicar actividades que exigen una visión retinal, controlada por el hemisferio derecho, al ritmo de las actividades controladas por el izquierdo. Las actividades propias del hemisferio derecho tienden a ser divertidas, suaves y a menudo recreativas. Utilizar el hemisferio izquierdo, es decir, ser analítico y exigente, puede acabar con la «suavidad» de la música, la danza, el deporte, la pintura o la fotografía. Al exigir una focalización excesiva, las actividades del hemisferio izquierdo pueden perjudicar la vista. La mentalidad competitiva promovida por nuestra sociedad en el deporte, los estudios, el trabajo y las relaciones sociales tienden a imponer como un *hacer* actividades que eran simples *ser.* Por ello, haga lo que haga, compruebe si su respiración es entrecortada, se queda con la mirada fija o siente los ojos tensos. Si varía de enfoque y deja que sus ojos bailen, recuperará el estado de *ser.*

Para mejorar la vista, es necesario que los ojos y el cerebro aprendan a trabajar en equipo. Es necesario aprender a *ser* mientras se *hace,* y a *ver* mientras se *mira.* Las lentes del tipo forma visual, citadas en el capítulo 3, le ayudarán a conseguir ese equilibrio, pues permiten modificar el control sobre los hemisferios del cerebro.

Estoy convencido de que las lentes 20/20 estimulan el hemisferio izquierdo e inducen al *hacer.* Cuando las lleve, notará un mayor deseo de hablar y dar explicaciones. Las del tipo forma visual, en cambio, permiten situarse en el mundo, pensar menos y *ver* más.

Repase la anatomía del ojo, y la lista de ejercicios expuestas al final del capítulo 4. Respirar, parpadear, variar de enfoque, cruzar los ojos, cubrirlos con la palma de la mano y utilizar luces con el espectro completo son ejercicios útiles para poder *ser* mientras *hace.*

6. Nutrición y ejercicios para sus ojos

La salud de los ojos depende de la nutrición que reciben y de la eficiencia de los músculos que bombean la sangre hasta ellos. Por ello, es necesario consumir los alimentos adecuados y mantener en forma esos músculos que los distribuirán a través del riego sanguíneo.

Para simplificar conceptos como nutrición y ejercicio, sugiero que recuerde al indígena africano de *Los dioses deben estar locos*. No pretendo que volvamos a vivir como los bosquimanos, pero deberíamos reconocer la importancia de tratar nuestros cuerpos con el mismo cuidado y respeto que ellos. La comparación con el bosquimán sigue siendo válida, especialmente porque la mayoría de ellos tienen una vista excelente. Considere un día normal: se despiertan en una cabaña primitiva, encienden un fuego y caminan durante más de un kilómetro para conseguir suficiente agua fresca con la que dar de beber a su familia. Parte del viaje lo hacen corriendo y, a la vuelta, cargan el agua sobre la cabeza o alrededor del cuello. Para comer, deben cazar a la luz del sol ejercitando los ojos y los músculos. La dieta es simple: bayas, frutas, un poco de carne, legumbres y semillas. El tiempo se va en preparar la comida y saborearla tranquilamente con los miembros de la familia. De esta manera disfrutan de un equilibrio entre el ejercicio aeróbico y una dieta adecuada.

Compare este modo de vida con el que lleva usted en la civilización occidental. Cada mañana, el despertador le saca de la cama, quizás antes de que salga el sol, y usted ejercita el músculo de su dedo encendiendo la luz. La cafetera, programada el día anterior, está lista para funcionar. Si se afeita, lo

hará con maquinilla eléctrica, o inhalará los productos químicos de la espuma. Con un golpe de mano, el agua caliente sale
de la ducha. Una vez vestido, selecciona un preparado de cereales (normalmente con azúcar y sal añadidas) que mezcla
con la leche que ha comprado en la tienda y se lo come, seguramente de pie. Se ejercita caminando hacia el coche, tren o
autobús en el que viajará hasta su puesto de trabajo. Este moderno estilo de vida determina el estado de su vista.

Para investigar los efectos de la alimentación y el ejercicio
en la vista, me sometí a varios experimentos junto a otros vo-
luntarios. Los resultados sugieren claramente que el estado de
la vista depende de la dieta y los ejercicios aeróbicos que se practican. En 1982, los participantes de uno de nuestros experimentos pasaron veintiún días sin consumir alcohol, carne roja, azúcar, productos lácteos o alimentos procesados. Comieron fruta fresca, verduras y un poco de pollo y pescado. También se
les animó a consumir derivados de soja, legumbres y granos.
A continuación, relatamos la experiencia de uno de los participantes.

---

*Eric seguía el programa con rigor: llevaba ocho días sin
sus gafas de alta graduación y había renunciado al café y al
azúcar. Su visión había mejorado en un treinta por ciento.
Una noche, salió a cenar con su mujer y sucumbió a una taza
de café y a un delicioso trozo de tarta de queso. Durante treinta minutos, la vista de Eric sin gafas empeoró tanto que su
mujer tuvo que llevarle del brazo cuando salieron del restaurante.*

De las evidencias citadas en la literatura especializada (ver
las lecturas recomendadas), y de mis conversaciones con in-
vestigadores del mundo entero, se desprende que los músculos
ciliares (focalizadores) son sensibles a las fluctuaciones del nivel de azúcar en la sangre. Recuerdo a un chico de catorce años
llamado Pat que aprendía a utilizar su vista natural para librarse de unas gafas muy graduadas. Su vista era del 76,5%. Un

día, Pat llegó con un refresco a la clínica en la que yo dirigía programas para mejorar la vista. Antes de que se lo bebiese, medí su nivel de visión con ambos ojos abiertos. Después de bebérselo, su vista bajó a un 58,5% durante quince minutos.

Un participante de la investigación antes citada pasó por la misma experiencia:

———————

«Durante más de una semana me limité a comer arroz y verduras con algo de pan, fruta fresca, yogur, pescado y pollo. Cada día, mientras caminaba hacia al trabajo, advertía que a través de mis lentes del tipo forma visual (83,6 %) podía verlo todo con gran claridad. Al noveno día del experimento, entré en un fast-food, y, tras comer huevos revueltos con un panecillo, continué andando hasta mi oficina. Durante veinte minutos apenas pude ver a través mis gafas de baja graduación. Calculé que mi vista bajó a un setenta por ciento. Esta experiencia me convenció de los efectos de la comida en la vista.»

———————

Este tipo de explicaciones es habitual, pues la ingestión de ciertos alimentos ricos en azúcar y grasas puede causar, en algunas personas, una reacción alérgica que afecte al funcionamiento de los ojos.

La manera como los órganos del cuerpo reaccionan ante la dieta repercute en nuestra visión. Si el corazón, los pulmones, el hígado y los riñones deben trabajar en exceso para procesar la comida que ingerimos, los ojos sufrirán las consecuencias. El hígado, por ejemplo, purifica la sangre antes de que ésta distribuya los nutrientes a las diferentes partes del cuerpo. Al consumir alimentos grasos, el hígado debe trabajar en exceso y algunos desechos pueden permanecer en la sangre que llega a los ojos. En ese caso, los vasos sanguíneos y las demás partes del ojo se convierten en un vertedero. La salud de los ojos depende del contenido y pureza de la sangre.

El ejercicio, en especial el aeróbico, obliga al corazón a bombear más sangre a través del cuerpo. Cuando fluye más sangre hasta los ojos, los estimula, y permite que los nervios envíen mensajes más rápidos y precisos al cerebro.

A través de los años he escuchado numerosas descripciones de mis pacientes sobre cambios en su porcentaje visual, mientras practicaban ejercicio aeróbico. Los corredores de fondo hablan de períodos de gran claridad sin necesidad de lentes. Estudiantes con un ciento por ciento de vista explican como, tras recurrir a ejercicios aeróbicos, aumenta su capacidad para retener lo que leen. Quienes trabajan ante pantallas de ordenador tienen los ojos menos cansados al final de la jornada si practican ejercicio a mediodía.

Las explicaciones de un tenista profesional que siguió un programa de forma visual ilustran este punto:

«El ejercicio es para mí una manera de expandirme en el espacio. Cuando tenso los músculos de mi cuerpo y ojos, veo mejor. Mientras me ejercito, muevo los ojos a izquierda y derecha, arriba y abajo, enfocando a diferentes distancias.

»Si es posible, juego sin gafas y, si no, utilizo mis lentes del tipo forma visual. He ganado varios partidos utilizando mi visión natural, es casi como veo mejor la pelota.

»Mis métodos de calentamiento son: balancear el cuerpo de izquierda a derecha, colgarme boca abajo y girar el cuello. Estos ejercicios me permiten estirar los músculos y mantenerlos flexibles. También compruebo mi respiración y ejercito los ojos. Tras esta enérgica preparación, me cubro los ojos con las palmas de la manos y respiro cincuenta veces, mientras visualizo las partes del ojo recibiendo sangre sana.»

Hemos visto como el bosquimán incorpora de forma natural una dieta y unos ejercicios adecuados en su actividad diaria, pero, ¿qué hay de nuestro estilo de vida? Aunque en el pasado haya estado demasiado ocupado como para incluir prácticas semejantes en su rutina diaria, lo que hemos aprendido sobre la salud visual resalta lo importante que es cuidar la dieta y dedicar tiempo al ejercicio.

¿QUÉ PODEMOS COMER?

Es una cuestión compleja, desearía poder darle una fórmula única, pero todo lo que puedo hacer es compartir con usted mis experimentos y experiencias personales. Durante años he estudiado diferentes dietas para prevenir enfermedades y poner los ojos en forma. Mi enfoque personal de la dieta es una síntesis de diversas teorías y experiencias prácticas. Antes de exponerla, he aquí dos perspectivas que me permitieron ser más flexible.

Un profesor japonés de macrobiótica me dijo una vez:

_____

«Si no puede beber cerveza o comer carne roja de vez en cuando, su cuerpo está enfermo.»

_____

Y, cuando a un enfermo de cáncer que participaba en un tratamiento natural le preguntaron sobre los principios dietéticos que contribuyeron a su mejora, respondió:

_____

«Como lo que me pide el cuerpo. Cuando me como un helado, le pido a mi cuerpo que lo disfrute realmente.»

_____

¿Cuál es entonces mi filosofía respecto a la comida? Creo en la moderación y no en las orientaciones fanáticas al bienestar. Preparar el plato más simple es un arte para mí, la comida es un placer, algo sagrado. Creo que si sintonizo con él, mi cuerpo me hará saber qué comida desea. Obviamente, debo regular la gratificación emocional mediante una alimentación sana.

Hago lo que puedo para no generar nuevas creencias sobre la comida. De momento, en un informe que he leído, se pretende que un consumo excesivo de productos lácteos puede modificar el metabolismo del cristalino y, a la larga, provocar cataratas (nublado del cristalino). Basándome en este informe me sería fácil pedirle que eliminase los productos lácteos de su dieta. Otras investigaciones establecen que el exceso de azúcar y carbohidratos simples es malo para el músculo ciliar (focalizador). ¿Sugiero entonces que abandone el azúcar y los lácteos? Preferiría que lo probase usted mismo, yo he comprobado que una pequeña cantidad de productos lácteos y de azúcar me sienta bien. Usted debe descubrir su propio nivel de tolerancia, debe hallar el punto crítico a partir del cual decrece su visión.

Con esta mentalidad, elaboré una dieta basada en la combinación de granos (arroz, mijo, quinoa y alforfón) y legumbres (judías), que complemento con:

► productos de soja como el *tofu*, el *tempeh* o el *miso* (una pasta que ingiero al menos dos veces por semana en forma de sopa o bebida).
► algas, que añado a los granos y las sopas.
► pollo de granja o pescado fresco una vez por semana, con una guarnición de zanahorias u otra hortaliza al vapor, hervidas o fritas.
► pequeñas cantidades de jengibre fresco, ajo, pimentón y otras hierbas de temporada, como condimento.
► ensaladas frescas con brotes como la soja.
► cereales con leche de soja o arroz, por las mañanas aunque, una o dos veces a la semana, desayuno huevos (revueltos, escalfados o pasados por agua) con una tostada integral.
► bebidas vegetales como el té y los zumos.
► fruta entera y en zumo, especialmente en verano.
► pan, margarina de soja y conservas caseras, en casos especiales.

En los restaurantes, pido pescado fresco y, ocasionalmente, me bebo una cerveza o tomo postre. Cuando siento decaer mi vista, recurro a compuestos de vitaminas y minerales que incluyen extracto ascórbico, vitamina C, la multi B, la A soluble y aminoácidos.

Cuando elabore su propia dieta, céntrese en un uso equilibrado de los diferentes alimentos básicos y reduzca el consumo de productos lácteos y carne roja.

LOS ELEMENTOS NUTRICIONALES
Y SU RELACIÓN CON EL OJO

Anatomía del ojo	Elementos nutricionales
Esclerótica (el blanco del ojo)	Calcio
Conjuntiva (el recubrimiento de la esclerótica)	Vitaminas B_2, B_{12}, ácido fólico
Córnea	Vitamina A
Cristalino	Vitaminas C, E, B_2
Músculo ciliar	Cromo
Retina	Vitamina A, zinc y otros minerales
Mácula (el área alrededor de la fóvea)	Vitamina B complex

Si utiliza gafas del tipo forma visual y está atento a la retroalimentación entre usted y sus ojos, podrá descubrir los alimentos que le perjudican la vista. Recuerde que los efectos no se reducen a una pérdida de vista, sino que pueden incluir alteraciones en la capacidad de los ojos para trabajar juntos, o desequilibrios entre el *ser* y el *mirar*. Con tiempo y paciencia puede descubrir lo que su cuerpo y su vista necesitan para estar en forma.

¿CUÁNTO EJERCICIO DEBO HACER?

Por norma, practique entre quince y veinte minutos de ejercicio mientras su pulso está entre las 125 y 145 pulsaciones por minuto. Después, la moderación es la clave. Acabar con la respiración entrecortada es bueno, pero no se canse tanto como para jadear.

Mientras se ejercita, mantenga un equilibrio entre el *ser* y el *hacer*. De este modo, su visión será más vívida, su campo visual mayor y verá los colores más brillantes. Quizás sienta que carece de obstáculos, que su cuerpo se abre y se expande. Experimente y descubra lo que pasa cada vez que cambia de estilo de vida. Si cuida su cuerpo con una alimentación sana y los ejercicios adecuados, su vista mejorará.

Tercera parte

3

EL OJO Y LA MENTE

7. ¿Dirige la mente nuestra visión externa?

¿Influye nuestro estado de ánimo en la vista? Para responder a esta pregunta, quizás necesite superar la concepción tradicional sobre sus ojos, según la cual están mal, tienen problemas o le impiden ver. Intente mantener una mentalidad abierta. Empiece utilizando las ideas que siguen para realizar un pequeño experimento. Al principio, su sentido común le dirá que esas ideas son imposibles, dígale que sea paciente, sea abierto, considere el caso de Helen Keller.

«Las mejores y más bellas cosas del mundo no pueden ser vistas ni siquiera tocadas, deben ser sentidas con el corazón.»

Desde que hacía cola en la escuela para que le verificasen la vista, quizás haya creído que sus ojos sólo pueden estar bien o mal. Si «suspendía» el test de la escuela, le enviaban a un oftalmólogo que probablemente le diagnosticaba una vista débil, larga, corta, borrosa o con demasiada presión. La lista de dolencias que podía padecer incluía la doble visión, el cansancio ocular, las cataratas, el glaucoma, la iritis o la miopía.

Su madre, su padre u otro familiar quizás le consolase diciéndole que había heredado su «mala» vista. Así, se consolidó su creencia en que tenía un *problema*. Para la mayoría de personas, cada visita al médico significa malas noticias: sus ojos necesitan lentes más graduadas, cirugía o medicación. Ello no hace más que convencerlas de que su ojos son malos. La cuestión es si esta creencia contribuye a empeorar aún más su estado.

Recordemos de nuevo la alternativa que representa nuestro bosquimán: en medio de la jungla no hay optómetras ni oftalmólogos; cuando el aborigen tiene los ojos doloridos, inflamados, enrojecidos, débiles o ve borroso, visita al médico local o chamán quien, para curarse, le insta a descubrir por qué los dioses o espíritus hacen que sus ojos estén así. En cierto sentido, el chamán actúa como un maestro, ayudando a la persona a determinar la causa de su estado. Por ejemplo, el enrojecimiento y la inflamación pueden asociarse metafóricamente con la rabia interna o la desazón. En ese caso, debe practicarse un ritual, y quizás se aplique sobre los ojos una mezcla natural de hierbas, jugos animales y tierra, a modo de cataplasma. El proceso curativo requiere que el paciente participe activamente, y se involucre en el estado de sus ojos. Este aproximación pretende algo más que tratar los síntomas o incluso que mejorar la condición física.

La metáfora anterior debe hacerle pensar en el estado del ojo como una indicación de lo que pasa en su ojo mental. El concepto de ojo mental incluye tanto los propios pensamientos, creencias, miedos o rencores, como las actitudes heredadas del entorno. Por ello, no todo el mundo desarrolla el mismo tipo de visión. Cada uno de nosotros lleva consigo la huella única de anteriores modelos de percepción. Cuando visita a un oftalmólogo tradicional con un síntoma como la visión borrosa, el cansancio o el dolor, éste realiza varias mediciones para comprobar si su vista se ajusta a las normas establecidas. Si no es así, le sugiere algunos remedios (gafas, lentillas, cirugía, medicación) que en el fondo no difieren mucho del ritual africano.

Compare este enfoque tradicional con la del moderno oftalmólogo preventivo, en general un optómetra, quien, como el chamán, concibe el ojo físico como un espejo del mental. Y es que los ojos revelan algo sobre nuestras percepciones internas, tanto pasadas como actuales. Obviamente, la situación ideal es combinar las orientaciones occidental y chamánica: aprovechar la tecnología de las lentes del tipo forma visual, y descubrir la percepción característica de su ojo mental, con la ayuda de un oftalmólogo o profesional pertinente.

Un par de ejemplos permitirán enfocar esta teoría.

Annie, de cuarenta y un años, alegando estar cansada de la vida, se alejó del mundo yendo a vivir a una pequeña cabaña en los bosques de Oregón. Al aislarse en el bosque, Annie evitó relacionarse con los demás, se había retirado de la vida tradicional para descubrir otra parte de su ser. No me sorprendí cuando me describió su dieta, Annie había pasado muchos años bajo control médico a causa de su diabetes (¿soy lo bastante «dulce»?, ¿me querrán tal como soy?). El área foveal de sus dos retinas se había empezado a desprender, y eso redujo bastante su visión lateral. Annie había renunciado a ver con su ojo mental y a tomar parte en la vida activa.

Traté a Annie relacionando estos aspectos y, tras nuestra primera sesión, se operó los ojos. Su nueva mentalidad le ayudó a cambiar su vista y estilo de vida. En cierto modo, su ojo mental aprendió de nuevo a percibir la realidad en armonía con el ojo físico.

No esperaba que Annie recuperase gran parte de su vista, pero lo hizo. Pasó de un estado de desesperación en el que creía que se iba a volver ciega, a otro que le capacitaba para volver a una pequeña localidad y continuar con éxito un negocio casero. Su vista mejoró y el estado de su ojo se estabilizó.

Éste es, obviamente, un ejemplo extremo de cómo el ojo mental puede influir en el físico. De hecho, si cree tener un «problema» con sus ojos, entonces, su «estado» tiene menos posibilidades de «mejorar». En el caso de Annie, tras nuestra consulta, vio su «estado» de miopía y desprendimiento como una oportunidad para aprender algo sobre sí misma. Un estudio en profundidad de su mentalidad destructiva señaló las percepciones de su ojo mental como una de las causas de su importante pérdida de vista. Como el «paciente» africano, Annie aprovechó su situación para adquirir nuevas ideas sobre cómo desarrollar las facultades de su ojo. Además, se sometió a una operación quirúrgica para prever un posible empeoramiento. Alguien podrá pretender que la cirugía fue lo único que mejoró su vista y le permitió tener una actitud más positiva, yo creo que el programa de puesta en forma visual le aportó una perspectiva que facilitó la operación y el proceso de curación.

Cuando Abe tenía dieciséis años, su médico le dijo que mediados los treinta necesitaría gafas. A los treinta y pocos, cambió de profesión y se hizo programador de ordenadores. Fue entonces cuando notó por primera vez que su visión era borrosa. Su optómetra confirmó la sospecha, Abe era présbita y necesitaría gafas. Durante el siguiente año, le cambiaron dos veces la prescripción por gafas cada vez más graduadas. A la tercera vez, Abe vino a mi consulta.

Durante la consulta, le pregunté qué otras transformaciones habían tenido lugar en su vida cuando cambió de profesión. Me reveló que, dieciocho meses antes de usar su primer par de gafas, se separó tras ocho años de matrimonio. Sentía miedo y ansiedad ante el futuro, no sabía cómo solucionar los problemas financieros. Su vista fracasaba con su carrera y su vida personal. Su intensa labor como programador, el recuerdo del oftalmólogo anunciándole que necesitaría gafas pasados los treinta y el miedo al futuro, precipitaron los cambios en su ojo físico.

Mi primer paso fue ayudar a Abe a hablar de otra manera de su vida. Repetía a menudo las expresiones «no puedo» y «no sé», cambiándolas por «lo sé»; aprendió a ver el futuro. Antes de programar su ojo mental para ver claramente, respondía a preguntas del tipo «¿dónde te gustaría trabajar?» o «¿qué tipo de relación buscas?» con un «no lo sé». Mientras decía «no lo sé», su ojo mental no veía. Tras unas pocas sesiones, empezó a responder a esas mismas preguntas con un «me gustaría trabajar para una compañía de alta tecnología y me interesa un tipo de mujer profesional y amante del aire libre».

Este modo de responder ayudó a Abe a ver más claro con su ojo mental. Pidió a sus amigos que le advirtiesen cuando hablara con actitud negativa, utilizó gafas del tipo forma visual, e incorporó ejercicios a su rutina diaria para equilibrar sus estados de ser y hacer.

Pronto, Abe sólo necesitó lentes correctoras para conducir. En los siguientes siete meses, se volvió más extrovertido y encontró un trabajo y una relación maravillosos.

El estado del ojo físico, representativo del tipo de percepción del ojo mental, nos da una lección sobre las facultades que podríamos desarrollar. La siguiente guía puede ayudarle a descubrirlas.

COMPRENSIÓN PERCEPTUAL DE VARIAS CONDICIONES DEL OJO

«Problema» del ojo	Percepción del ojo mental	Facultades a desarrollar
Miopía	Teme mirar al futuro y se encierra en sí mismo: «Me da miedo el mundo exterior».	Persiga sus sueños, ábrase, aprenda a crear espacio y afronte sus propias capacidades.
Presbicia	Teme mirar al presente: «Mejor mirar al futuro». Se odia a sí mismo y a los demás; huye del espacio y de la gente; desea romper con todo y ser independiente.	Cambiar de carrera y relaciones puede ser importante. Aprenda a comprometerse y conecte con el presente.
Astigmatismo	Distorsiona parte de la realidad, es miope en aspectos de su vida y restringe por miedo algunas maneras de ver.	Ábrase al futuro e intente superar sus posibilidades visuales.
Glaucoma	Siente una gran presión interna, como si fuese a explotar. Está agobiado y se encierra en sí mismo.	Déjese ir, siéntase libre.
Degeneración macular	Su vida ha perdido sentido, no sabe adónde ir.	Encuentre un objetivo en la vida.

(continúa en la página siguiente)

COMPRENSIÓN PERCEPTUAL DE VARIAS
CONDICIONES DEL OJO *(continuación)*

«Problema» del ojo	Percepción del ojo mental	Facultades a desarrollar
Desprendimiento de retina	Se siente apartado, no querido por nadie. Pierde contacto con el exterior y no desea ver más allá del campo de visión inmediato.	Permanezca conectado con los demás, especialmente fuera de su inmediata esfera de actividad.
Cataratas	Se siente bloqueado y evita ver lo que le ofrece la vida.	Descubra nuevas salidas, elimine los aspectos de su vida que le impiden ver lo que es importante.
Ojo desviado	Su energía está bloqueada, es incapaz de afrontar los problemas y ve la vida demasiado complicada como para lidiar con ella.	Aprenda a coordinarse con el mundo, quiérase a sí mismo y a los demás.
Desviado hacia dentro	Sobrecompensa la excesiva focalización.	Relájese y mire a lo lejos.
Desviado hacia afuera	Ábrase, vaya más allá.	Permanezca centrado y enfoque los detalles.
Ojo gandul	Es perezoso a la hora de recibir o expresar una visión, se le acaba la energía y elude la verdad.	Luche por alcanzar un equilibrio, desbloquee su capacidad de aprender de la vida.
Defectos de la córnea	Su energía está bloqueada y le duele ver.	Recupere esa energía y visión personales.

Cuando haga ejercicio, conduzca, camine, telefonee o se prepare para ir a dormir, visualice todas las partes de su ojo como si estuviesen sanas. Utilice afirmaciones del tipo «yo soy...» para señalar lo que quiere ver, por ejemplo: «Cuando respiro, miro desde mi corazón a través de los ojos y veo la verdad». Atrévase a soñar en unos ojos más sanos, menos cansados y menos dependientes de las gafas; o en un nuevo trabajo y unas vacaciones maravillosas... Deje que su ojo mental dirija al físico hacia donde usted elija.

8. Sucesos, experiencias y decisiones: Efectos sobre la vista

Imagine otra vez que es un aborigen de la jungla. Su mundo cabe en un radio de ocho kilómetros alrededor de su casa. Desde la infancia, ha sido educado para sobrevivir: ha aprendido a moverse ágilmente, a encontrar comida y a enfrentarse con serpientes venenosas y leones hambrientos. Su ojo físico tiene una visión simple del mundo: está compuesto por la jungla, la familia y el hogar. Su ojo mental y su pensamiento son igual de simples, las percepciones internas sobre su familia y entorno son pacíficas y tranquilizadoras.

Supongamos que un día, mientras vaga por el límite del bosque, llega de repente a un lugar que sus ojos nunca habían visto. Ve a personas cubiertas de ropa que conducen todoterrenos y van armadas. La información inédita que sus ojos físicos envían a su ojo mental es procesada en el contexto de experiencias anteriores. Por ejemplo, ¿cómo visualiza una pistola? mientras carezca de experiencia anterior, su percepción será ingenua, nunca ha visto el daño que puede causar un arma y por ello no la teme. Si entonces viese a alguien que es herido por una pistola, se activaría una respuesta de miedo y, en el futuro, vería las pistolas bajo la óptica del miedo y el peligro.

Aunque usted, como la mayoría de personas, no haya vivido nunca en una selva perdida, seguramente sí haya estado expuesto a sucesos que precipitaron respuestas de miedo. Sugiero que su ojo mental ha tomado decisiones, si no para sobrevivir, sí para protegerle de algunas de las cosas que ha visto. Y es que, a diferencia del aborigen, usted está expuesto a sucesivos factores de crisis o estrés como las guerras, la televisión, la violencia, los atracos, los cambios en la estructura familiar, la vida urbana, los retos financieros, la educación competitiva, el alcohol, las drogas, el sida, los niños desaparecidos, el holocausto nuclear, y muchos más. No es sorprendente que su ojo físico se ajuste a esta actitud del ojo mental, ¡hay tantas cosas en el mundo de hoy que prefiere no ver!

Antes de estudiar cómo el ojo mental puede afectar a nuestra visión, debemos detallar su funcionamiento. Desde el momento en que usted fue concebido, antes incluso de que sus ojos «viesen», los tejidos de su cuerpo y su cerebro acumulaban información sobre diversos sucesos. De entrada, cuando su madre ingería cierto alimento, su cuerpo recordaba el hecho como una experiencia. Si su madre consumía demasiado azúcar, su cuerpo experimentaba ciertas sensaciones a partir de las cuales el ojo mental tomaba decisiones.

Después de nacer, sus ojos empezaron a captar visualmente esos sucesos. Su ojo mental es como una cinta de vídeo; almacenados en la librería de su cerebro, están los datos de todas su experiencias sensoriales, es decir, de todo lo que ha sentido, oído y visto. A los seis meses, su vista ya era de 20/20 y, a los doce, sus ojos trabajaban al unísono.

Imagínese por un momento que tiene catorce meses de edad y centra su atención en el color rojo-naranja de las llamas de una chimenea. Cuando se acerca al fuego para jugar con él, se quema las manos y se pone a llorar. Decide entonces asociar los colores rojo y naranja con el dolor y el llanto. Su ojo mental graba esta dolorosa experiencia asociándola con la visión del rojo y el naranja.

Más tarde, cuando ve un papel coloreado con rojo y naranja, se niega a tocarlo basándose en su experiencia previa. Si continúa respondiendo de esta manera a esos colores, los músculos y estructuras de su ojos aprenden a verlos con miedo. El ojo mental, al asociar el rojo y el naranja con las quemaduras, envía mensajes de miedo a los ojos físicos que se constriñen y se ponen tensos.

Esta conexión entre la percepción y la acción es evidente cuando se filman las expresiones faciales y oculares. Ciertas preguntas hacen que el ojo mental rememore hechos perturbadores. Al pensar en ellos, el miedo y la tensión se reflejan en

70

los gestos. Es como si se desencadenase una reacción de supervivencia. En los gestos de la cara y los ojos se refleja la influencia del pasado en nuestra manera de ver el presente.

Los sucesos cotidianos, junto con los factores genéticos, físicos, nutricionales y ambientales, influyen en la vista. Rememore los hechos de su vida, piense si pueden haber desencadenado reacciones físicas y mentales responsables del actual estado de su vista. La exposición de dos casos ilustrará este aspecto.

Para Nancy, de cuarenta y tres años, el principal suceso que recuerda en su vida fue mudarse de la ciudad a una granja cuando tenía tres años. Su madre abandonó su carrera para ocuparse de la familia y la casa. Seis meses después, nació un hermano pequeño que inmediatamente estableció un fuerte vínculo con su madre.

Durante los siguientes dos años, Nancy continuó aislada en la granja, viendo como su madre se entristecía progresivamente por haber renunciado a su sueño de ser una concertista de piano. Al empezar la escuela primaria, superó sin problemas un examen ocular.

Al año siguiente, Nancy empezó a comportarse como un chico, hasta el punto de que su padre le llamaba «Billy». En segundo curso, «necesitó» su primer par de gafas.

Entre los ocho y los catorce, Nancy sufrió profundamente la estrecha relación entre su madre y su hermano, con el que se peleaba constantemente. Se sintió abandonada y empezó a preguntarse si podría confiar en los hombres.

A los doce, la madre de Nancy se separó de su padre. Este cambio en su familia le dejó muy confusa y alteró su manera de ver las relaciones. Durante ese mismo período, cambió sus gafas por otras más graduadas. A los veinticinco, Nancy se casó con un hombre que no le gustaba a su madre y, en los siguientes trece años, sólo la vio dos veces. A los cuarenta y dos, la visión de su ojo izquierdo era mucho más borrosa que la de su derecho.

Cuando la conocí, Nancy era una mujer angustiada, asustada e introvertida. Durante nuestras primeras sesiones, reco-

noció la relación entre el desarrollo de su miopía y las experiencias anteriores. Veía a sus padres, en especial a su madre, como personas no realizadas. De hecho, descubrió que esa visión se ajustaba también a su propia vida; no vivía con nadie y se sentía sola.

Durante unas pocas semanas, Nancy empezó a tomar las riendas de su vida: se marcó nuevas metas que generaron nuevas representaciones en su ojo mental, puso en forma su vista con ejercicios, y llevó lentes del tipo forma visual. Nancy comprendió que debía elegir entre seguir viendo como cuando era niña o tomar decisiones útiles para su vida adulta.

Cuando Nancy eligió cambiar, su vista mejoró. Al principio, de manera efímera e imperceptible, pero, más tarde, los momentos de claridad duraron varios minutos. Algunas veces su vista subía hasta un noventa y cinco por ciento con sus gafas del tipo forma visual. Otras, cuando se aferraba al pasado, su vista decaía hasta un setenta por ciento. Los ojos de Nancy son una perfecta metáfora de la relación entre la visión interna y la externa. Ella, por su parte, continúa su programa para ver sin gafas, utiliza lentes del tipo forma visual y participa en experiencias de crecimiento personal.

Cuando Brenda tenía diecinueve años, su hermano murió a los seis meses de serle diagnosticado un cáncer. Ella nunca había necesitado gafas pero, tres meses después de la muerte de su hermano, le diagnosticaron miopía. Poco después, su ojo derecho empezó a girar hacia dentro. Brenda se puso gafas sin rechistar, convencida de que le corregirían los ojos. Cuando su cirujano le aconsejó operarse el ojo desviado, Brenda decidió esperar. A los veintiún años, consiguió un nuevo trabajo que resultó ser muy agobiante. Tras ocho horas de trabajo de oficina, su ojo derecho estaba cansado y todavía más girado.

Dos años después, a Brenda le hablaron de la investigación que yo dirigía y pidió participar. Dijo estar preocupada porque sus compañeros de trabajo se burlaban de su ojo «raro». El primer paso fue prescribirle lentes de contacto del *tipo forma visual (Brenda no habría aceptado llevar gafas). Tras dos meses de ejercicios, empezó a coordinar ambos ojos por cortos períodos de tiempo. Un día, mientras practicaba ejercicios agotadores, Brenda exteriorizó a gritos su frustración. Después, miró un optotipo y gritó de nuevo: su vista había mejorado en un cuarenta por ciento. Tras consultar a un asistente social que colaboraba en la investigación, Brenda supo que, desde la muerte de su hermano, había estado bloqueando la expresión de sus sentimientos. Se había vuelto introvertida y de trato difícil. En los seis meses que siguieron a este descubrimiento, Brenda realizó progresos continuados, utilizaba más a menudo ambos ojos a la vez, su imagen había mejorado y tenía más éxito en su trabajo. Sin embargo, la presión en su trabajo aumentó hasta el punto de que fue incapaz de dominar las burlas cuando su ojo giraba. Brenda abandonó el programa de puesta en forma visual.*

Un año después, la volví a ver, se había operado el ojo derecho para «enderezarlo». Por haber seguido nuestro programa, sus ojos trabajaban al unísono. Antes de despedirnos, dijo con voz firme: «¡Me caso el mes que viene!».

Como en los casos de Nancy y Brenda, en nuestro actual nivel de visión pueden influir sucesos que, en el pasado, desencadenaron reacciones de miedo y limitaron la capacidad de percepción. Sin embargo, usted mismo puede eliminar cualquier traba que haya impuesto a su visión interna. A modo de ejercicio, encuentre un lugar tranquilo en el que pueda cerrar los ojos. Mientras respira y se relaja, retroceda en el tiempo recordando hechos pasados. (Este ejercicio puede realizarse antes de dormir, de manera que sean los sueños los que le hablen de esos hechos). Busque tanto los hechos positivos como los negativos, identifique las experiencias que puedan haber provocado respuestas de miedo, y las decisiones que tomó su ojo mental para protegerle. Un buen truco consiste en retroceder entre ocho y doce meses antes de la aparición de algún síntoma o del primer par de gafas. Cuando abra los ojos, explore el significado de lo que haya visto, ¿qué relación hay entre las pasadas percepciones de su ojo mental y el actual estado de su vista?

Ahora que ya está preparado para generar nuevos sucesos, planee algunas experiencias nuevas y excitantes que le estimulen a tomar decisiones sobre su vista. Haga una lista de las «cosas» que desearía hacer en relación con su tiempo libre, trabajo, casa, familia y amistades. Elija aquello que le aporte sentimientos de plenitud, que sea divertido y diferente. Acepte el desafío de no llevar gafas o lentillas. Si tiene poca vista, utilice lentes del tipo forma visual. Llame a sus padres y dígales que les quiere, contacte con un viejo amigo, vea una buena película, esquíe, siga cursos de vela, planee unas vacaciones, curiosee en una librería o váyase a bailar.

Intente experimentar cada suceso de su vida como una oportunidad, encuentre algo que aprender en cada cosa que vea, y compruebe el estado de su vista durante cada nueva experiencia. Acuérdese de amar su visión borrosa.

9. Miedo y rabia: Efectos sobre la vista

En el capítulo anterior vimos que influían en la vista tanto los sucesos y experiencias pasados como las decisiones presentes. Del impacto de esos sucesos, son responsables en gran parte el miedo y la rabia contenida, emociones que perviven en lo mental y lo físico. Me costó comprender que el miedo o la rabia pueden alterar la vista, hasta que el optómetra Robert Pepper me dio la idea de examinar a los pacientes sobre un trampolín.

Imaginemos que tiene una sesión conmigo: viste ropa cómoda, y se encuentra en una habitación de techo abovedado con un amplio trampolín en el centro. Tras quitarse las gafas o lentillas, se sube al trampolín y empieza a saltar, mientras con los brazos describe círculos delante suyo. Poco a poco, advierte que su respiración es entrecortada, que sus ojos permanecen fijos en un mismo lugar, que tiene miedo, y que los músculos de sus ojos y de todo su cuerpo están tensos.

Sin embargo, pasado un tiempo, empieza a dominar el trampolín y se relaja; mira alrededor y percibe un incremento de su visión natural; sonríe. Si entonces escuchase la siguiente instrucción: «Ahora, déjate caer sentado y después, de rodillas», su cuerpo volvería a ponerse tenso. Mientras se imaginase cayendo sentado, le daría miedo fallar, pensaría: «Estoy loco, no puedo hacerlo». A continuación, le invito a comprobar sus reacciones de defensa y rabia.

En nuestro ejercicio imaginario, la reacción de miedo y rabia se repetiría con cualquier instrucción del tipo:

▶ «Mientras cuentas hasta diez, déjate caer de rodillas cuando llegues a dos y sentado cuando llegues a ocho.»

- «Igual que antes, pero ahora palmea las manos cuando cuentes cinco y di "relax".»
- «Ahora, mientras retrocedes desde diez hasta uno, repite los ejercicios anteriores pero haciendo en ocho lo que hacías en dos, en cinco lo que en ocho, y en dos lo que en cinco.»

Si este ejercicio imaginario le ha producido alguna sensación de miedo o rabia, entonces ya sabe qué pasa cuando el ojo mental sufre una tensión excesiva: surge el miedo a lo desconocido, a fracasar y ser rechazado. Aunque en la mayoría de situaciones ese miedo y la tensión muscular resultante pasen inadvertidos, acaban afectando a los músculos de los ojos, que se vuelven tensos y se agarrotan.

Tras una experiencia real con un trampolín, usted sería consciente del efecto de los pensamientos sobre el cuerpo y, en especial, sobre los ojos. Entonces, podría recurrir a los ejercicios descritos en el capítulo 12 para poner los ojos en forma, y aumentar su porcentaje visual. Si se encontrase saltando arriba y abajo, realizando ejercicios para poner en forma la vista («cuando cuentes dos cae de rodillas, cuando cinco palmea las manos... y no olvides de respirar y parpadear») y controlando todas las variables, se daría cuenta de que en una situación así sólo tiene tiempo de pensar en el presente. Vivir en el presente es un factor importante. Si en cambio empieza a pensar en el pasado o a preocuparse por el futuro, estropeará sus estados presentes de *ser* y, como consecuencia, su rendimiento disminuirá. De esta manera, por retroalimentación, una disminución de su rendimiento le recuerda que está abandonando el presente. Reaccione ante estas decaídas exteriorizando sus miedos ocultos o rabias contenidas.

Tras cuatro horas de trabajo sobre el trampolín, la présbita Jill, de veintiséis años, explicó lo siguiente:

«Me asombra lo frustrada que estoy cuando no puedo hacer algo tan simple como saltar o deletrear una palabra. Cuando me dijo que respirase y exteriorizase lo que sentía,

me puse a gritar de la misma manera que quisiera gritar a mi madre. Tras la sesión, me sentí aliviada. Mi cuerpo y mis ojos estaban relajados, pude enfocar la punta de mi nariz y leer más cómodamente.»

———————————

Tanto mis observaciones clínicas como mi experiencia personal sobre estos fenómenos sugieren que, si es usted miope, seguramente pasará mucho tiempo rememorando en su ojo mental antiguos sucesos, experiencias y decisiones. Habrá desarrollado un repertorio de razones que explican por qué es como es, y por qué ve de la manera que ve. Es como si su ojo físico intentase adaptarse a su edad, pero su ojo mental todavía viviese el miedo y la rabia del pasado. A la inversa, si usted es présbita, seguramente pasará mucho tiempo preocupado por como se las arreglará en el futuro.

¿Cómo ver? Debe aprender a permanecer en el presente y ser consciente de dónde ha estado y adónde va. Para ello, relaje su ojo mental, los músculos de su ojo y de todo su cuerpo. Devolver su ojo mental al presente puede ayudarle tanto a incrementar su porcentaje visual y coordinación de los ojos como su memoria y capacidad de lectura.

Otra manera de lograrlo es mediante lo que Robert Pepper llamó «mapas visuales». En los «mapas visuales» se desarrolla la estrategia a seguir por el ojo mental para que el ojo físico se relaje. Elija por ejemplo la palabra Barcelona, e imagínese saltando en el trampolín mientras la pronuncia sin ningún mapa visual o ensayo previo. Si debe pensar en cómo pronunciar Barcelona, ello le exigirá demasiada energía. Mientras salta, su atención se alejará del «ser» y «ver»; será incapaz de controlar su ojo físico con tranquilidad.

Puede evitar esta distracción elaborando un mapa visual ajeno al tiempo. Por ejemplo, dividiendo la palabra en tres partes: 1) BAR, 2) CEL, y 3) ONA. Con los ojos cerrados, imagínese viendo la serie 1) BAR y después la 2) y la 3). Cuando su ojo mental pueda visualizarlo con claridad, imagínese otra vez saltando en el trampolín mientras esta vez ve primero la serie 2), después la 1) y finalmente la 3). ¿Con qué agilidad combina esas series en su ojo mental? Advierta si se cansa al hacerlo. Si cuando salta y habla al mismo tiempo recurre a los mapas visuales, no se sentirá desequilibrado por el hecho de realizar dos esfuerzos a la vez.

Puede practicar el mismo ejercicio utilizando objetos de su entorno o los optotipos-C del capítulo 12. Quítese las gafas o lleve unas del tipo forma visual. Recurra a los mapas visuales para que su ojo mental vea con claridad, por ejemplo: represéntese su tienda favorita mientras busca frutas y verduras; imagine que su nevera está vacía y que se pasea por la tienda seleccionando jugosas manzanas, tomates rojos, apios verdes y zanahorias naranjas; visualice las hileras de atractivos productos. O también, mientras imagina que conduce por la autopista, vea la señal de salida claramente en su ojo mental, ¿de qué color es?, ¿qué forma tiene?, ¿a qué distancia se encuentra? Repita el ejercicio con los optotipos-C: sin cansarse, mire los bordes de las letras y los espacios blancos. Si utiliza los mapas visuales para ampliar su imaginación visual, adquirirá confianza en su visión actual. Vivir en el presente no significa librarse de las reacciones de miedo y rabia, pero vale la pena

Debatir sobre cómo el miedo y la rabia influyen en la vista, me trae a la memoria investigaciones fascinantes sobre las personalidades múltiples. Se ha descubierto a pacientes con varias personalidades que necesitan un tipo diferente de gafas para cada una de ellas. Ello prueba que la vista varía según el estado de la personalidad.

Considere pues las gafas del tipo forma visual como una manera de adoptar una personalidad diferente. Y es que, por ejemplo, una visión un poco borrosa puede resultar frustrante, o incluso generar miedo y rabia latentes. Mis pacientes me explican que la posibilidad de sentirse otras personas les permite asumir experiencias pasadas especialmente traumáticas. Por ejemplo:

———————————

Cuando George tenía doce años, fue testigo de la muerte de su hermano en un accidente de coche. El incidente le aterrorizó. Aproximadamente un año después, se le diagnosticó

miopía. A los veinticinco años, George empezó un programa para poner su vista en forma.

Los ejercicios para poner la vista en forma relajan los músculos del ojo; tras varias sesiones, George advirtió que tenía instantes de visión clara.

En esa misma época, George exteriorizó su miedo a los accidentes y su odio hacia el conductor que atropelló a su hermano, y pudo analizar esos viejos sentimientos. Hoy en día, George puede conducir legalmente sin gafas, y ha aprendido a valorar las lecciones de la muerte de su hermano.

––––––––––––––

Librarse del miedo y la rabia contenidos le permitirá gozar de una vista mejor. En esta etapa del programa de puesta en forma, es muy importante contar con la ayuda especializada de alguien como un psicólogo, psiquiatra, psicoterapeuta o terapeuta de la vista. Pídale a un amigo que sea también una persona de apoyo. Lleve un diario de los sentimientos, pensamientos, sueños y mejoras que experimente, le ayudará a recordar sus progresos.

––––––––––––––

En Amar es abandonar los miedos, *Gerald Jampolsky escribe: «Ver es mirar con amor».*

––––––––––––––

10. Ojo derecho, ojo izquierdo

Seguramente, tanto usted como su oftalmólogo son conscientes de que sus ojos sólo trabajan en armonía si en cada fóvea se dibuja una imagen nítida. Por experiencia propia, sé que eso sólo sería posible si usáramos los ojos como el bosquimán, que mira de diferentes maneras mientras se mueve a través de la jungla. Si en cambio tendemos a usar el hemisferio izquierdo del cerebro, a mirar con la fóvea, sometemos la coordinación de los ojos a una tensión excesiva. Nosotros no usamos los ojos igual que el aborigen y, por ello, mientras examine el estado de sus ojos, quizás advierta que cada uno de ellos ve de una manera particular.

En la medicina china, el lado derecho del cuerpo (controlado por el hemisferio izquierdo del cerebro) se asocia con la expresión, y el izquierdo (controlado por el hemisferio derecho), con la receptividad. Si ampliamos esta concepción a los ojos, el derecho (que imagino como un canal) nos permite proyectarnos al mundo, mientras que el izquierdo recibe la información. Algunas evidencias señalan que las mitades de la cara, como los ojos, tampoco son precisamente simétricas. Estudiarlas con una cámara de vídeo me permitió explicar a mis pacientes cómo los ojos se relacionan entre sí.

Como ejercicio, quítese las gafas o lentillas y mire un objeto lejano a través de una ventana, no importa si lo ve borroso. Sin cerrar los ojos, cubra uno y después el otro, y así sucesivamente hasta que perciba mejor a través de uno que del otro. Piense en sus ojos como un canal para la energía, como si un rayo láser saliese del ojo derecho y entrase en el izquierdo. Sea consciente de cuando piensa en los ojos como buenos o malos, y empiece a eliminar ese tipo de juicios. Refiérase a su ojo más sano como el canal más receptivo, y al otro, como el canal que aprende a ser más receptivo. Esta nueva manera de pensar favorecerá a su ojo mental.

Ahora que ya sabe que los ojos pueden no ver igual de bien, compruebe si ése es su caso, e investigue las posibles causas.

Algunos principios de la medicina oriental pueden sernos de ayuda. Si el canal izquierdo está conectado al hemisferio derecho entonces, según la filosofía china, es posible que el ojo izquierdo sea el femenino. De esta forma, el ojo izquierdo nos serviría para ver la creatividad, los sentimientos, el amor y la feminidad. El derecho, en cambio, iría asociado con las capacidades expresiva, lógica, intelectual, analítica y verbal.

Si eso es cierto, ¿qué pasaría si cubriese su canal más receptivo durante unas horas al día? ¿Experimentaría las emociones descritas en el capítulo 9? ¿Mejoraría su forma de ver y mirar? Y en caso de que mejorase, ¿variarían las cualidades mentales asociadas con cada ojo? Y a la inversa, el desarrollo de las cualidades asociadas a un hemisferio, ¿incrementaría la vista del ojo correspondiente? En todo caso, para mejorar la vista de un ojo deberá primero cambiar la manera de pensar relacionada con él.

Beth, de treinta y dos años de edad, era una abogada de éxito. Cuando, pasados los veinte, estudiaba derecho, advirtió que la vista de su ojo izquierdo era borrosa. Seis años antes le habían prescrito gafas, pero las usaba sólo para ir al cine y conducir por la noche. El oftalmólogo le dijo que su ojo izquierdo había desarrollado un astigmatismo (curvatura irregular de la córnea) y le prescribió unas gafas para llevar siempre puestas.

Cuando Beth me consultó varios años después, su astigmatismo había empeorado. Sabiendo que el astigmatismo es una forma de distorsión, ayudé a Beth a afrontar las distorsiones concernientes a su feminidad. En la carrera de derecho era una de las tres mujeres en una clase de cuarenta. Sintió que, como abogada, había asumido un papel masculino, y comprendió que nunca tuvo un auténtico ejemplo de cómo ser una mujer enérgica. A falta de un modelo mejor, se comportó como los hombres de su clase.

En sus sesiones para poner la vista en forma, Beth se puso un parche sobre su ojo derecho. De esta manera, pudo experimentar la recepción con el canal izquierdo y expresar sus cualidades femeninas. Con el tiempo, su porcentaje visual alcanzó el nivel que tenía a los veintinueve años. Dejó de llevar las gafas siempre puestas y, en la medida en que se sintió más equilibrada, su relación con los demás mejoró.

———————————

Analicemos un poco más esta relación entre los roles sexuales y la orientación visual. En nuestra civilización, el modelo de masculinidad es el del comunicador claro, agresivo, intelectual y centrado en el hemisferio izquierdo. Si bloquea o rechaza su modelo masculino primario, es decir, su padre, es posible que su ojo derecho experimente una pérdida de vista. El ojo izquierdo reflejaría lo contrario: el modo de ver a su madre y su punto de vista femenino. El grado de coordinación entre ambos ojos refleja el equilibrio entre los aspectos masculino y femenino de la personalidad.

———————————

Cuando Ángela tenía dos años, su padre las abandonó a ella y a su madre. A los tres, su ojo derecho se desvió hacia dentro y le diagnosticaron ojo gandul, complicado con presbicia. Le prescribieron unas gafas que alinearon artificialmente sus ojos pero, pocas semanas después, su ojo derecho se desviaba aún más cuando se las quitaba. Esta situación se prolongó durante un año, durante el cual su madre fue consciente de que la visón de Ángela empeoraba cuanto más dependía de las gafas.

Ángela tenía cinco años cuando su madre la trajo a mi consulta. Mis observaciones confirmaron sus sospechas. Para acabar con esa dependencia, prescribí unas gafas del tipo forma visual, con un tercio menos de graduación. Mediante *ejercicios para poner la vista en forma (ver capítulo 12), Ángela aprendió a activar continuamente las fóveas de ambos ojos.*

En los dos años siguientes, Ángela y su madre me consultaron periódicamente. Descubrimos entonces que la niña albergaba un profundo resentimiento hacia su padre por haberlas abandonado, y que carecía de modelos que le ayudasen a expresar su lado masculino. Por ello, aprendió a suprimir su masculinidad y reflejó ese desequilibrio en un comportamiento tímido y miedoso.

Una vez descubierto el problema, la madre, los profesores y los amigos de Ángela le ayudaron a desarrollar esa parte de su personalidad. Además, continuó practicando ejercicios para poner la vista en forma. Cuando cumplió siete años, era capaz de mirar sin gafas a cualquier distancia utilizando ambos ojos. Su ojo derecho raramente volvió a desviarse. Trabajaba bien en la escuela y su expresividad aumentaba. Su madre afirmó que estaba mucho más equilibrada.

Para equilibrar más su vista, comente con su oftalmólogo la posibilidad de llevar un parche sobre su canal más perceptivo. (Antes, lea la sección sobre los parches del capítulo 12.) También puede llevar el parche sobre sus gafas del tipo forma visual. Mis investigaciones sugieren que es mejor llevarlo durante cuatro horas seguidas, aunque quizás prefiera empezar con cortos períodos e irlos alargando progresivamente. Obviamente, sólo deberá llevarlo en momentos tranquilos de su vida. Empiece en su casa, con tareas como cocinar o leer, y, más tarde, atrévase a salir. Muchos de mis pacientes han intentado practicar lucha libre u otros deportes con su canal más receptivo cubierto. Si su porcentaje visual es del ciento por ciento, también puede llevar un parche para estimular la parte del cerebro que desee.

Algunos de mis pacientes han incorporado el parche a sus carreras profesionales:

Silvia, de cuarenta y cuatro años, es pianista. Su visión natural es del ciento por ciento, pero tiende a usar más el ojo derecho que el izquierdo. Cuando toca el piano, también favorece la mano derecha, mientras que la izquierda tiende a ser poco firme sobre el teclado.

Tras llevar el parche sobre su ojo derecho cuatro horas al día, durante veinte días consecutivos, sus interpretaciones cambiaron significativamente. Cuando tenía equilibrada la vista de ambos ojos, el equilibrio se transmitía a los dedos. Silvia todavía utiliza el parche cuando siente algún desequilibrio.

———————————

Cuando se quite el parche, hágalo despacio, la luz le parecerá muy intensa, fíjese en los colores, sienta lo maravilloso que es tener ambos ojos abiertos otra vez. ¿Aprecia ahora el valor de tener dos ojos? Seguramente, se sentirá mucho más equilibrado, y la mejora en su vista le permitirá rendir más cuando trabaje, lea o practique deporte. Compruebe si las diferencias entre sus ojos se han reducido. ¿Cómo se siente? Retenga cualquier reacción física o emocional mientras lleve el parche. Comparta los resultados con otra persona.

———————————

Recuerde: ¡sus ojos son maravillosos!

———————————

11. La coordinación global de la mente y la vista

La coordinación global de la mente y la vista es una manera definitiva de controlar la vista mental y física. Es una relajante unificación de los ojos izquierdo y derecho que le permitirá aceptarse a sí mismo, comprender el pasado como una preparación del presente y descubrir como el pasado se refleja en

su manera de ver. Su visión futura puede ser lo que usted quiera, acepte sus cualidades y deje que sus ojos vean.

En capítulos anteriores tuvo la oportunidad de aprender a usar cada ojo por separado. El siguiente paso es dejar que su cerebro aprenda a unir cómodamente ambos canales para alcanzar el grado superior de forma visual: la aceptación de todas sus capacidades. Como el resto de ejercicios, la coordinación global de la mente y la vista puede aplicarse tanto al ojo mental como al físico.

Los ejercicios de este capítulo le enseñarán a sentir y ver como si sus ojos trabajasen en equipo. No olvide practicarlos sin cansarse, esforzándose lo mínimo y sin dejar de respirar, parpadear y tensar los músculos del ojo. En otras palabras, no «intente» hacer los ejercicios, deje que ellos le guíen para sentir sus ojos trabajando en equipo. Advierta si los cambios en su forma de pensar, postura, horario y gafas influyen en su manera de percibir. Practique los ejercicios para descubrir su vista y su forma de ser. No hay una buena y una mala manera de practicarlos, no son más que medios para lograr la coordinación global de la mente y la vista.

JUGAR CON EL PULGAR

Siéntese confortablemente en una silla, con o sin gafas, y alargue la mano con el pulgar extendido delante, un poco por debajo de su línea de visión. Mire el pulgar, ¿es consciente de su respiración?, ¿se lo queda mirando fijamente? Parpadee, respire y, mientras sigue mirando el pulgar, fíjese en todo lo que le rodea. Sus ojos centrarán el pulgar en un enfoque bastante cerrado (mirada foveal), mientras que el entorno aparecerá borroso (vista retinal).

Después, mientras enfoca un objeto más lejano, advierta si ve el pulgar doble, es decir, si ve dos pulgares. Si no es así, parpadee, cubra un ojo y después el otro, hasta que aparezcan dos pulgares. (Si tiene un ojo gandul, quizás no vea dos pulgares, pues su cerebro habrá aprendido a eliminar la imagen de uno de los ojos.) Observe si la imagen de cada pulgar es

clara: si puede ver dos pulgares definidos, entonces se da una
coordinación global de la mente y la vista. Compruebe si el tamaño de los pulgares es igual, y si varía cuando enfoca desde
diferentes distancias. ¿Qué pasa cuando lleva un parche sobre
el ojo que percibe el pulgar más claro? Cuando vuelve a mirar
los pulgares con ambos ojos abiertos, ¿son de distinto tamaño? ¿Cómo ve los pulgares cuando respira, se pone de pie, se
apoya en un solo pie o se tumba? Fíjese si un pulgar es más
alto que otro. ¿Qué pasa si mueve la oreja izquierda hacia el
hombro izquierdo?, ¿el pulgar más alto sigue siéndolo? La
postura de la cabeza afecta al modo como el cerebro recibe la
información de cada ojo. Cuando lee en la cama, tumbado o
sobre un costado, su vista decrece y toda su coordinación global de la mente y la vista es menos efectiva.

Una vez pueda mantener la imagen de dos pulgares relati-
vamente claros, coja una libro y sitúe el pulgar entre una página y sus ojos. Mientras lea la página, mueva el pulgar hacia
donde miren sus ojos y observe que, cuando usa ambos ojos,
es decir, cuando ve dos pulgares, puede leer todas las palabras
de la página. Experimente lo que pasa cuando cierra un ojo:

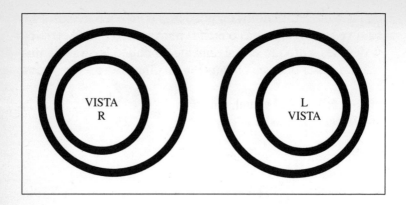

algunas de las palabras desaparecen porque el pulgar restante tapa parte de su vista. Mantenga sobre las palabras al pulgar correspondiente al canal menos receptivo. Recuerde: si ambos ojos trabajan en equipo, percibirá dos pulgares; si pierde uno de esos pulgares, parpadee, respire, mire a lo lejos y, después, compruebe si vuelve a verlo. No deje de parpadear, respirar y cubrir sus ojos con las palmas de las manos.

Si permanece mucho tiempo en un estado de «hacer», advertirá que uno de los pulgares desaparece y que el restante cubre las palabras que quiere leer. Eso ocurre cuando, a causa del estrés, el cerebro no acepta la información de uno de los ojos, y usted se queda usando sólo uno de los hemisferios del cerebro.

Practique este ejercicio con el pulgar cada día, para verificar su nivel de coordinación global de la mente y la vista. Si quiere seguir utilizando todo el cerebro, respire, parpadee y cubra sus ojos con las palmas.

JUEGO DE LOS CÍRCULOS

Recuerde lo que siente cuando cruza los ojos. Sitúe este libro de manera que los círculos de la ilustración estén a unos cuarenta centímetros de sus ojos, y crúcelos suavemente hasta que le parezca que hay tres círculos. Seguramente los verá bastante borrosos. Respire regularmente y varíe la posición

90

de los ojos, cruzándolos un poco más o un poco menos. Fíjese si ve los círculos más o menos borrosos. Repita el ejercicio y, después, enfoque sucesivamente un objeto lejano y la ilustración, hasta que vea claramente un dibujo en medio, ¿cómo es?

Según su nivel visual, puede ver el dibujo del medio de las siguientes maneras:

▶ Un círculo interior y uno exterior.
▶ La palabra «VISTA».
▶ La palabra «VISTA», sin algunas letras o con letras solapadas.
▶ La palabra «VISTA» con una «L» encima y una «R» debajo.
▶ La «L» y la «R» descentradas, moviéndose adelante y atrás.
▶ Los círculos interiores flotando hacia usted.

A medida que la forma de sus ojos varíe, también variará su percepción. Si sus ojos están en una forma óptima (usa ambos, coordinando globalmente la mente y la vista), entonces verá claramente una «L», una «R» y la palabra «VISTA» inmóviles. Las seguirá viendo aunque continúe enfocando a diferentes distancias.

Una vez domine este ejercicio, podrá repetirlo en sentido inverso: mire a lo lejos y sitúe el esquema del libro un poco por debajo de su línea de visión. Querrá ver el esquema, pero mantenga su vista enfocada a lo lejos. A la larga, descubrirá un punto en el que aparecen tres círculos. Responda a las preguntas anteriores y explore los cambios que experimente en su vista.

Mediante este ejercicio, los músculos que cruzan sus ojos (centradores) aprenderán a trabajar en equipo con los focalizadores (ciliares). Cuando los músculos que cruzan los ojos no trabajan bien, se focaliza demasiado y se corre el riesgo de padecer miopía o astigmatismo.

¿Qué flexibilidad tiene su vista? ¿Puede formar la imagen de tres círculos cuando cruza los ojos y mira a lo lejos? Alterne los enfoques de cerca y lejos; no olvide respirar, parpadear, bostezar y tensar los músculos de los ojos; tras cinco o diez minutos de ejercicio, cubra los ojos con las palmas.

JUEGO DEL OJO MENTAL

Si no puede acceder a un auténtico trampolín, recurra a una cama elástica en la que practicar los ejercicios del capítulo 9 para desarrollar el ojo mental. ¡No intente caer sentado o de rodillas si es demasiado pequeña!

JUEGO DE LAS FLECHAS

Haga una fotocopia de la ilustración de la página siguiente y cuélguela de la pared. Después, quítese las gafas y sitúese a una distancia tal que apenas pueda ver el sentido de las flechas, en lo que yo llamo «zona borrosa». Algunos se situarán a menos de veinticinco centímetros, y otros se alejarán hasta seis metros. Puede permanecer sentado o de pie, pero, en ese caso, apóyese por igual en ambos pies. Respire profundamente tres veces.

Paso 1   Empiece mirando la esquina superior izquierda e indique el sentido de cada flecha. ¿Mueve los brazos o la cabeza? ¿A qué ritmo trabaja? ¿Es consciente de su respiración? ¿Le cansa mirar las flechas? ¿Adelanta la cabeza y el cuello? (*Nota: responda a estas preguntas en cada uno de los siguientes pasos.*)

Paso 2   Mientras mira las flechas de izquierda a derecha, señale con su brazo el sentido de cada una y, después, repita el ejercicio de derecha a izquierda.

Paso 3   Utilice su mano derecha para señalar a la derecha y arriba, y la mano izquierda para señalar a la izquierda y abajo.

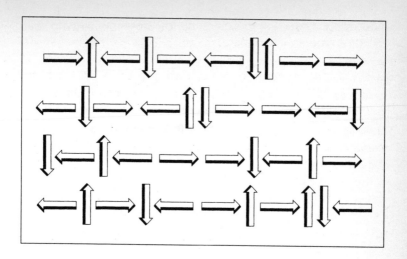

Paso 4 Repita el paso 3, al revés.

Paso 5 Imagine, en su ojo mental, que cada flecha ha girado un cuarto en sentido de las agujas del reloj y, sin usar las manos, diga cuál es su sentido. Fíjese en los cambios de ritmo. Después, que un amigo o familiar palmee sus manos rítmicamente y, cada vez que las oiga palmear, diga cuál es el sentido de una flecha girada. Observe cómo se ajusta al ritmo de las palmas. ¿Su nivel de coordinación global de la mente y la vista se mantiene, o decae?

Paso 6 Repita el paso 5, señalando con las manos los sentidos mientras los dice.

Paso 7 Repita el paso 5, pero ahora señalando con las manos el sentido de las flechas tal como lo ve. Retenga los sentimientos que experimente. ¿Cómo responde su cuerpo? ¿Se siente confuso, cansado, o ve los ejercicios como un reto?

El ejercicio de las flechas es especialmente útil para las personas a las que se les ha diagnosticado dislexia o problemas de aprendizaje. Su carácter de coordinación global le permitirá dominar los estados de sobrecarga. Dominando cada uno de los pasos, seguramente estimula nuevas conexiones nerviosas de su cerebro. No es raro que a mis pacientes les duela la cabeza después de este ejercicio, recuerdo que un adolescente dijo que se sentía como si el lado derecho de su cabeza estuviese ardiendo. (Si experimenta una sensación similar, interrumpa el ejercicio y cubra sus ojos con las palmas de las manos.)

Cuanto más se deje ir o, simplemente, *sea*, mayor será su nivel de coordinación global. Deje por un momento de analizar la situación, confíe en su *ojo mental* e intuición, y permita que el ejercicio transcurra libremente. Siempre que desee escapar de su rutina diaria, practique estos ejercicios durante un mínimo de cinco minutos y un máximo de una hora. Conseguirá ver mejor, depender menos de las gafas, cansarse menos, comunicarse más claramente y ser mejor en los deportes. Descubra momentos de su vida en los que pueda aprovechar estas sensaciones de coordinación global.

———————

¡Disfrute su nueva vista!

———————

Cuarta parte

4

MEJORAR LA VISTA

12. Cómo mejorar la vista en tres fases

El siguiente programa para mejorar la vista en tres fases es el resultado de la investigación clínica. Si lo practica tal como se indica en este capítulo, sus componentes trabajarán juntos en sinergia. De todos modos, deje que sus necesidades y situación personales determinen su nivel de participación. Quizás quiera seleccionar o adaptar algún ejercicio especial para afrontar un reto en particular. En ese caso, le recomiendo que retroceda al principio del libro y relea el apartado Cómo utilizar este libro; después, lea este capítulo para familiarizarse con todas las opciones. La lista de juegos visuales para retos visuales específicos (ver página 114) puede serle de gran ayuda.

El conjunto del programa en tres fases exige un alto nivel de compromiso. Al principio, cuando vea lo que hay «hacer» cada día, quizás se sienta abrumado. Recuerde sin embargo que el objetivo de las actividades es producir unos nuevos hábitos visuales más relajados. Existe el riesgo de que «intente» y «haga» el programa de manera intensiva, y caiga en la trampa del «sin sufrimiento, no hay recompensa». Las investigaciones sobre el aerobic y otros programas de puesta en forma, en los que se inspira *Vea mejor sin gafas*, demuestran que las actividades breves y ligeras son más sanas que las prolongadas y estresantes. Por ello, si practica los juegos relajadamente, sus músculos oculares funcionarán de una forma más equilibrada, en beneficio de su ojo mental y físico.

No piense en estas actividades como ejercicios para el ojo, sino como juegos. De esta forma, estimulará la diversión en la

97

actividad del hemisferio derecho, mejorando a su vez la coordinación global de la mente y la vista.

Lo fundamental del programa en tres fases es que necesita entre veintiún y sesenta días para imprimir un nuevo comportamiento o romper un viejo hábito. Se trata de reeducar al cerebro para que adquiera nuevas forma de ver el mundo.

Elija actividades y juegos visuales que pueda practicar durante quince minutos al día. El proceso está secuenciado de manera que, en cada nueva etapa, se incremente su participación y avance hacia una vista más equilibrada.

Uno de los hallazgos más importantes de mi investigación, es lo beneficioso que es para los pacientes el contar con ayuda durante el programa. Encuentre a alguien que pueda ayudarle, comparta sus estados de ánimo, le escuche y anime cuando esté deprimido, y celebre con usted los buenos momentos. Esa persona puede ser un consejero, oftalmólogo, amigo, esposa o terapeuta.

Como ya hemos dicho, «hacer más» no es necesariamente «hacer mejor». Manténgase despierto, entero y consciente. Siga el programa cuando tenga tiempo suficiente y esté relajado.

Elija su nivel de participación, recordando que los ojos se ponen en forma cuando hay un equilibrio entre el *ser* y el *hacer*. Céntrese en las actividades que induzcan relajación, equilibrio y fluidez. Si se sorprende a sí mismo lamentándose por cosas que no ha hecho, respire profundamente y modifique sus metas. Ver sin gafas exige un esfuerzo mínimo. Diviértase, ría y juegue.

LAS ACTIVIDADES DE LAS TRES FASES

Antes de empezar la aventura en tres fases, familiarícese con todos sus componentes. El objetivo del programa es poner en forma los ojos de todas las maneras posibles. Por ejemplo:

▶ Marcarse metas le acercará a su «sueño», primero lo realizará en la imaginación y después lo constatará en la vista.

- ▶ Exponer asertivamente esas metas le permitirá enfocarlas con su ojo mental.
- ▶ Escuchar una de esas cintas de relajación, equilibrará su actividad mental y le permitirá alcanzar una coordinación global. Puede reprogramar sus comportamientos en las más profundas células de su cerebro.
- ▶ Una dieta más equilibrada mejorará la calidad de los nutrientes que llegan a sus ojos. Las estructuras del ojo recibirán saludables cantidades de vitaminas y minerales.
- ▶ Hacer ejercicio reducirá la tensión de los músculos y mejorará el riego sanguíneo.
- ▶ Pasar un tiempo bajo luz solar, sin gafas o lentillas, activará la parte del cerebro asociada con la asimilación de luz natural.
- ▶ Llevar un parche sobre un ojo modificará la percepción a través del otro. Llevarlo sobre ambos, mejorará su vista sin lentes y le hará ser más consciente de su visión periférica.
- ▶ Practicar juegos para poner la vista en forma le hará ser más consciente de sus estructuras oculares, reducirá su tensión y cansancio y mejorará el funcionamiento de su ojo y de todo su cuerpo.
- ▶ Recuerde que, respondiendo cada día a las preguntas sobre el estado de su vista, podrá conocer los progresos.

A continuación exponemos una descripción más a fondo de los elementos del programa, hágase una idea de lo que representa cada uno de ellos antes de empezar. Algunas actividades le parecerán fáciles de comprender, otras le supondrán retos. Sea realista cuando se marque sus metas, es más inteligente incrementar poco a poco su participación en cada actividad.

CÓMO MARCARSE METAS Y DEFINIR LO QUE SE QUIERE VER

Cuando pienso en metas, recuerdo la distinción entre éstas y los fines. Los fines son a largo plazo, como viajar hasta China, mientras que las metas son aquello que necesitaría para alcanzar ese fin: calcular un presupuesto, decidir cómo ir, comprar los billetes y leer sobre la cultura local.

Yo concibo la puesta en forma de los ojos de la misma manera. Primero, imagine un fin último, como volver a aprobar el examen de conducir sin gafas, dejar de llevarlas para siempre, llevar unas menos graduadas, cambiar de carrera, reducir el cansancio, proteger la vista de sus hijos o, simplemente, poner sus ojos en forma.

Cuando se persigue uno de estos fines, se obtienen pequeñas recompensas: se alcanzan metas a corto plazo y se ven los resultados. Si por ejemplo se representa un fin asociado con su visión periférica (y por tanto, con su retina), sus metas irán asociadas con su vista inmediata (y por tanto, con su fóvea). Recuerde que su vista foveal (*mirar*) le permite identificar aspectos presentes de su vida, mientras que con la retinal (*ver*) observa aspectos más periféricos o incluso futuros. Para alcanzar cualquier cosa en la vida, debe antes definir un fin y unas metas. Ahora tiene la posibilidad de aplicar ese proceso para mejorar su vista.

Al empezar el programa en tres fases, anote cuáles son sus fines y metas en su trabajo, carrera, relaciones, dinero, ojos, visión, dieta y ejercicio. La distinción entre carrera y trabajo es útil para aquellos que quieran cambiar de carrera. Las relaciones y el dinero se incluyen en el programa desde que varios de mis pacientes progresaron en esa dirección mientras mejoraban su vista. Por ejemplo, si uno de sus objetivos a largo plazo es conseguir un buen trabajo, una meta a corto puede ser estudiar el programa académico de un master. El siguiente esquema le ayudará a subrayar sus fines y metas.

Sus fines y metas

Carrera

_____
_____
_____
_____
_____
_____

Trabajo

_____
_____
_____
_____
_____
_____

Relaciones

_____
_____
_____
_____
_____
_____

Dinero

_____
_____
_____
_____
_____
_____

Ojos

_____
_____
_____
_____
_____
_____

Visión

_____
_____
_____
_____
_____
_____

Dieta

_____
_____
_____
_____
_____
_____

Ejercicio

_____
_____
_____
_____
_____
_____

AFIRMACIONES

Un modo de modificar su manera de pensar y de percibir con el ojo mental son las afirmaciones: manifestaciones positivas, tanto escritas como en voz alta. Al principio creerá que el ejercicio es estúpido o inútil. Se trata de repetir una afirmación, hasta cambiar un estado mental negativo por otro positivo.

Piense en una afirmación como en un nuevo programa para su cerebro. Primero, su conciencia responderá con un «¡no!» o un «¡está borroso, no puedo ver!»; pero cuando el programa quede grabado en el chip del subconsciente, los nuevos datos se manifestarán a nivel consciente.

Por ejemplo, un paciente con una vista 20/80 o del 58,5 % puede afirmar: «Aprobaré el examen de conducir en un mes». Quizás su primera respuesta sea: «¡Imposible!» pero, unos minutos después ya dirá: «Bueno, es posible» y, finalmente, su mentalidad será de: «¡Sí, lo intentaré!». La relación entre el cerebro y el ojo mental habrá cambiado, y el paciente creerá posible alcanzar su meta.

Sitúese delante del optotipo-C de la página 123 mientras pronuncia sus afirmaciones, y evalúe las respuestas visuales con un «+» (mejora de la vista), «0» (ningún cambio) o «–» (pérdida de vista). Las afirmaciones que tengan un efecto positivo en su visión serán codificadas positivamente en las células del cerebro y, en el futuro, le servirán para mejorar su vista cuando vea borroso, con o sin gafas. No se rinda si las afirmaciones producen resultados neutrales o negativos, quizás su subconsciente se resista a aceptarlas. Para modificar esta situación, incorpore las afirmaciones positivas al programa en tres fases.

A continuación se expone una lista con algunas afirmaciones útiles para este programa; elija aquellas que se adaptan a su visión actual y a sus metas. Repita las afirmaciones a lo largo del día, especialmente cuando practique los juegos visuales, lleve un parche, haga ejercicio o prepare la comida.

Mi vista mejora cada día.

Estoy reduciendo mi dependencia de las gafas.

Sé por qué bloqueo mi vista.

Disfruto lo que veo.

Amo mi visión borrosa.

Acepto mi visión borrosa cada día.

Disfruto explorando mi visión borrosa.

Espero ver menos borroso.

Disfruto mi manera de ver y mirar.

Mi visión es mi manera de ver.

Ahora veo la verdad.

Veo la belleza de la vida.

Olvido el modo de percibir de mis padres.

Veo de verdad cómo es mi entorno.

Cuando comprendo cómo fue mi educación, me siento libre.

Mis ojos no tienen problemas para ver.

Focalizo mis percepciones en mi visión.

Soy consciente de cómo mi estado de ánimo puede ayudar a mi vista.

Soy consciente de mi vista borrosa.

Me gusta mi vista «suave».

Mi ojo mental guía mi vista.

Soy fuerte y estoy curando mis ojos.

Me siento menos vulnerable sin gafas.

Tengo una vista clara y sana.

Experimento instantes de vista clara.

Amo la vida y, por tanto, mi visión de la vida es nítida.

Ver no me supone ningún peligro.

Cuando me perdono, mi vista es nítida.

Mis modos negativos de ver están desapareciendo.

Mi vista es perfecta si observo mi perfección.

Me cuido con comida sana y ejercicio.

Amo mi cuerpo, mis ojos y mi vista.

Me es fácil recuperar la vista.

Estoy luchando contra la tensión que nubla mi vista.

Estoy eliminando los obstáculos que me impiden
admirar la belleza del mundo.

Veo sabiduría y verdad en la vida.

Soy consciente de mi deseo de ver.

Lucho contra las barreras de la ignorancia, el miedo y el
odio, para alcanzar una visión perfecta.

Estoy agradecido porque mi vista es clara y saludable.

Veo cosas en el mundo que me gustan.

Mis gafas están dejando de ser una parte de mí.

Cuando me siento sano y vivo, mi vista creativa se
manifiesta por sí sola.

Proyecto mi nueva mentalidad a través de mis ojos.

Mi vista es tan nítida por la noche como durante el día.

Veo más colores con mi vista natural.

Cuando disfruto de mi cuerpo, mi vista se vuelve más nítida.

Cuando mi mente está más clara y equilibrada, veo mejor.

Soy fantástico, e incremento mi fuerza y la de los demás
con amor, luz y vista.

RELAJACIÓN

Una parte integral del programa es cómo sugestionar al cuerpo y la mente para que aprendan a relajarse. Pacientes bien entrenados han conseguido relajarse hablando a las partes de su cuerpo. Al principio, como en cualquier programa de entrenamiento, introduzca sólo sugestiones específicas. Los ojos, por ejemplo, aprenden rápidamente a relajarse.

Una manera de relajarse es escuchar música tranquila como la clásica, el jazz y otros estilos. La clave es relajar la mente para relajar a su vez el cuerpo y la mayoría de procesos fisiológicos, como el pulso o la respiración.

A la larga, los ojos y la vista se beneficiarán de este relajación. La meta es adquirir la capacidad de inducir un estado de relajación en los períodos estresantes del día.

Mientras elaboraba este programa, escribí el guión de lo que sería la cinta de audio *Relájese y vea*. Utilicé dos voces para simular los aspectos masculino y femenino de los ojos. Mientras mi voz introducía al oyente en un viaje relajante, una voz femenina describía imágenes asociadas con afirmaciones.

Los efectos de la cinta, medidos durante una investigación clínica, fueron dramáticos: la mayoría de los sujetos no pudo completar los veintiséis minutos de cinta sin adormecerse. Los pacientes se adormecían después de una media de veinte minutos, no sin antes experimentar una relajación total de su cuerpo, mente y ojos; y soñaban con imágenes vívidas. Esta evidencia reafirma la teoría según la cual el subconsciente todavía registra las sugestiones de la cinta mientras el paciente se adormece.

Recientemente, he grabado cintas caseras para mis pacientes, basadas en sus respuestas a un cuestionario detallado. Los resultados han sido más prometedores; algunos de mis pacientes me han animado:

———————————

«Su voz es extraordinaria... Mis ojos han experimentado una mejora cuantificable. Ahora veo el doble de lejos y ya no bizqueo... Espero mi próximo par de gafas menos graduadas.»

———————————

«Los resultados de la cinta han sido rápidos... Mi ojo izquierdo ya no ve borroso ni se cansa... Puedo volver a leer sin cansarme.»

———————————

Si durante el programa en tres fases escucha regularmente las sugestiones de la cinta, adquirirá el hábito de relajarse. Obviamente, las ventajas de las sugestiones referentes a la alimentación van más allá de la relajación. Antes de dormir, escucho cintas o imagino estados específicos de mi subconsciente tales como formas de agradecimiento, ideas sobre las que soñar o respuestas a retos específicos de mi vida.

COMER

Puesto que en los próximos meses exigirá mucho a sus ojos, querrá ponerlos en forma con una dieta adecuada. Diseñe una dieta y sígala (ver en el capítulo 6 las líneas maestras).

Si comete un desliz y cede ante un alimento «prohibido» o, simplemente, quiere saber cómo los diferentes alimentos afectan a su vista, recurra a la retroalimentación. Cada vez que ingiera un alimento puede aprender más sobre las necesidades de su cuerpo. He aquí la dieta que prescribí a los sujetos de mi investigación:

Alimentos y sustancias que evitaron los pacientes durante el programa

Bebidas alcohólicas	Huevos
Bebidas y alimentos con cafeína	Fritos
Té	Frutas
Comida enlatada	Zumos de fruta
Queso	Helados
Cigarrillos	Leche
Café	Carne roja
Drogas (a menos que sea por prescripción médica)	Productos azucarados

Dieta favorita del programa

► Una ensalada al día.
► Hortalizas crudas, al vapor o un poco cocinadas, cada día.
► Té de hierbas y toda clase de infusiones de hierbas.

- ▶ Ayunar por un día, bebiendo sólo agua y zumos vegetales (o de fruta, en verano). Consultar antes con el médico.
- ▶ Condimentar tal como se recomienda en los libros de macrobiótica (ver bibliografía).
- ▶ Pescado o ave para sustituir la carne roja. Si es vegetariano, recurra a derivados de soja.
- ▶ *Tofu* (cuajada de soja), *mochi* (arroz dulce) o *tempeh* (derivado de granos de soja).
- ▶ Granos como el arroz integral de grano corto, el mijo, la quinoa, el kash (avena de alforfón) o el arroz basmati (variedad india de grano largo).
- ▶ Legumbres y hortalizas.
- ▶ Complementos terapéuticos (ver el apartado Servicios y programas para mejorar la vista).

EJERCICIOS

Como vimos en el capítulo 6, gracias al ejercicio físico, la sangre es más eficiente transportando nutrientes a los ojos.

Junto a mis pacientes, seleccioné algunos ejercicios para practicar durante las tres fases. He aquí algunas sugerencias:

Aerobic	Raquetball
Backpaking	Bicicleta estática
Ciclismo	Remo
Baile moderno	Patinaje
Jogging	Esquí
Baile lento	Caminar
Natación	Pesas
Tai chi	Windsurfing
Tenis	Yoga

LUZ NATURAL

En la mayoría de libros sobre la anatomía del ojo se afirma que el veinticinco por ciento de los nervios visuales que parten de la retina no se dirige al área visual del cerebro. Se ha pensado que estos nervios, que transmiten el equivalente eléctrico de la luz solar, van a una parte del cerebro llamada «hipotálamo». El hipotálamo es un «regulador jefe» que ajusta el sistema nervioso del cuerpo, equilibrando las funciones de órganos como la pituitaria y las glándulas suprarrenales. Además, el espectro completo de la luz blanca que atraviesa el hipotálamo sirve para «recargar» la glándula pineal: un órgano del tamaño de un guisante pensado para ser nuestro ojo primitivo o «tercer ojo». Esta «recarga» puede influir en el equilibrio del sistema nervioso y por tanto en nuestros estados de ánimo o en la precisión de nuestras percepciones.

Parece ser que el espectro completo de la luz solar mantiene las funciones mínimas del cuerpo y, que en su ausencia, el sistema nervioso automático debe reajustarse internamente. Este reajuste puede manifestarse como cansancio, deseo de comer «alimentos prohibidos», irritabilidad o cambios de ánimo. Para mantener el sistema nervioso en un equilibrio óptimo, debe permanecer entre veinte y treinta minutos al día al aire libre, sin gafas graduadas, lentillas o gafas de sol que bloqueen la luz solar.

Si el tiempo es agradable, practique los juegos visuales al aire libre. Para evitar un cansancio excesivo o lesiones en la fóvea, no mire directamente al sol, ni permita que se refleje intensamente en lo que está leyendo. Cuando exponga sus ojos a la luz solar, hágalo antes de las diez de la mañana o después de las cuatro de la tarde, para evitar los períodos de mayor intensidad y prevenir una exposición innecesaria a los rayos ultravioletas.

COLOR

El espectro completo de la luz blanca está compuesto por todos los colores del arco iris: violeta, añil, azul, verde, amarillo, naranja y rojo. La *syntonics*, una rama de la optometría, ha demostrado en los últimos ocho años que la combinación de esos colores puede curar varias dolencias del ojo. Otras investigaciones sugieren que imaginar colores también puede ser beneficioso para los tejidos y estructuras del ojo. La clave de toda curación reside en la aplicación repetitiva de las técnicas.

El amarillo, el naranja y el rojo son colores cálidos y estimulantes: cuando los imaginamos alcanzando la retina, se activa el riego sanguíneo hacia el ojo. El verde es un color que armoniza y equilibra, por eso nos sentimos tan bien cuando caminamos por el bosque o vemos vegetación exuberante. El azul, el violeta y el magenta son colores relajantes que logran que veamos y nos sintamos mejor, pues estimulan la rama parasimpática que relaja el sistema nervioso automático. Recuerde que este sistema nervioso influye en el músculo del iris, que controla el tamaño de la pupila, y en el ciliar o focalizador. Los colores relajantes reajustan el sistema nervioso para que sus músculos no se cansen ni se agarroten.

Pase tiempo al aire libre, con colores naturales; camine a través de un parque; elija vegetales de diferentes colores e imagine los colores y nutrientes beneficiando las estructuras de su ojo mientras se los come. Los colores son una manera de desarrollar un estilo de vida que refuerce la claridad de su visión.

PARCHES

Durante las dos fases iniciales usará sendos tipos de parche.

Primera fase: El parche sobre un ojo

Durante esta fase, cubra su ojo preferido (el que usaría para mirar por un telescopio). Si desea llevar gafas, puede colocar un trozo de papel encima de una de las lentes.

Intente llevar el parche cuatro horas seguidas cada día, aunque, al principio, puede empezar con períodos más cortos para ir incrementando progresivamente. Decida lo que es mejor para usted según el estado de su vista.

Durante las cuatro horas que lleve el parche, puede cocinar, hacer ejercicio (en un lugar seguro), mirar la televisión, lavar la ropa, leer, trabajar en un escritorio o ante un ordenador, pasear por el parque, hablar con los amigos, etcétera. También puede practicar juegos visuales (consulte en las instrucciones del juego las indicaciones especiales para llevar parche), pero nunca conducir.

El parche en un ojo, además de estimular las percepciones y recuerdos, puede provocar respuestas físicas e incluso emocionales. Anote esas experiencias en el formulario Metas para ver mejor (páginas 115-116). Si cubre su ojo izquierdo, compruebe si su forma de hablar varía y, si cubre el derecho, si tiene dificultades para escuchar lo que los demás dicen. Relaciónelo con las diferencias entre los hemisferios derecho e izquierdo anteriormente expuestas. Quizás advierta que es más lento trabajando mientras lleva el parche, estará aprendiendo a *negociar* con su vista borrosa, una parte muy importante del programa. Muchos de mis pacientes agradecen haber bajado el ritmo y «ver» más la vida.

Cuando concluya el período, quítese el parche muy despacio. ¿Qué pasa cuando se lo quita tras un período especialmente largo? ¿Experimenta cambios en su equilibrio físico o emocional? Disfrute de la luz ahora que no lleva el parche.

Por cierto, animo a mis pacientes a pegar alguna señal en su parche para que, cuando estén en público, los demás entiendan de qué se trata. Cuando trabajaba mi propia vista, salir a la calle con el parche me permitió aprender mucho de los demás, aunque, obviamente, usted puede preferir ocultarse con su parche.

Segunda fase: El parche sobre ambos ojos o parche doble

Durante la segunda fase, deberá sustituir el parche sobre un ojo por otro sobre ambos, siempre que su capacidad no difiera más del catorce por ciento. En otras palabras, antes de ponerse este parche, deberá ver igual de bien por cada ojo. Si tiene un ojo gandul o girado, puede empezar antes a llevar el parche doble,

pues está diseñado para aumentar su conciencia de la visión periférica, y lograr una vista más nítida sin lentes correctoras.

Para fabricar el parche doble, recorte una lámina o trozo de cartón rígidos de 2,5 por 7,5 cm, con una abertura triangular para acomodar la nariz. Si quiere, también puede pegarlo con cinta adhesiva sobre las gafas.

Cada día, sustituya sus lentes correctoras por el parche, durante cuatro horas seguidas que no incluyan situaciones estresantes. También en esta fase, puede practicar juegos visuales mientras lleva el parche, siempre que siga las instrucciones específicas al respecto. No sólo podrá practicar los juegos de esta nueva fase, sino también los de la anterior, ahora con un parche diferente.

Para experimentar con el parche doble, mueva su cabeza de izquierda a derecha, mientras comprueba si ve más claro por uno de los lados, y si ese lado es el de su mejor ojo. Después, mueva la cabeza de modo que vea más por su peor ojo, para ponerlo en forma. Advierta cómo se siente mientras lleva el parche, si tenso o relajado, e intente recrear esa sensación cuando no lo lleve.

No dude en decorar su parche y aventurarse con él en público. Sea valiente, a la gente le interesará de verdad que le explique el programa, e incluso podrá hacer nuevos amigos.

Tercera fase: Cualquier parche

Durante la tercera fase, para fortalecer la capacidad de sus ojos de trabajar en equipo, no lleve ningún parche mientras practica juegos visuales, pero continúe llevando alguno de ellos cada día, durante cuatro horas seguidas.

JUEGOS VISUALES

Los juegos visuales, ejercicios para poner la vista en forma, se distribuyen en tres fases que duran entre un mes y dos años. Me gusta describir el trabajo visual como un juego, para que se divierta incorporándolo a su vida cotidiana.

En cada fase se practican nuevos juegos, todos con la intención de poner los ojos más en forma.

Si decide no seguir el programa completo, puede practicar aisladamente aquellos juegos que encuentre especialmente adecuados a sus necesidades. Si algún juego le parece demasiado complicado, retroceda a uno anterior y aprenda a dominarlo antes de acceder a otro más avanzado.

Cuando practique la actividad 2, repita la 1 y así sucesivamente, de manera que cuando esté en la 11, practique ésta y todas las anteriores. Así conseguirá dominar todas las actividades y poner sus ojos en forma de modo sistemático.

Para poner ambos ojos en forma, cuando empiece con los juegos de la segunda fase repita los de la primera con el parche doble. En la tercera fase, repita los juegos de la primera y segunda con los ojos abiertos. De este modo ejercitará las células de su cerebro que rigen las actividades con ambos ojos. En la tercera fase, no olvide seguir llevando alguno de los parches durante cuatro horas seguidas.

En todas las fases no olvide quitarse las gafas o lentillas durante los juegos visuales aunque, en algunos casos, puede llevar unas de baja graduación. Lea las instrucciones de cada actividad, y reléalas cuando las practique. Reserve un tiempo específico para los juegos en sus metas para ver mejor, teniendo en cuenta que debe ser mayor en la segunda y tercera fases.

Advierta que hago una mención especial a aquellos juegos visuales útiles para la dislexia, las dificultades de lectura, las enfermedades del ojo, el trabajo con ordenador, y otras causas de cansancio, presbicia, miopía y astigmatismo. Muchos pacientes eligen aquellos juegos que les permiten afrontar sus retos particulares. En el siguiente sumario se indican juegos útiles para afrontar retos específicos.

Juegos visuales para retos visuales específicos

Presbicia: variar de enfoque, optotipo-C de cerca, iluminar, mirar un alambre.

Miopía: optotipo-C de lejos, focalización suave, imaginar, pintar.

Astigmatismo: pintar, cubrir con las palmas, tensar los músculos del ojo, mirar un alambre.

Enfermedades del ojo: imaginar, acupresión, bostezar, cubrir con las palmas.

Cansancio provocado por el ordenador: variar de enfoque, optotipo-C, cubrir con las palmas.

Dislexia: desfilar, swing ball, mirar un cuerda, mirar un alambre.

Lectura lenta: mirar una cuerda, mirar un alambre, ver los pulgares dobles, círculos.

La vista de los niños: cubrir con las palmas, swing ball, mirar un alambre, iluminar, tensar los músculos del ojo, desfilar.

RECORDATORIO

Repase sus metas y el paso de una fase a otra. Cada día, complete las secciones Resultados y Respuestas físicas y emocionales del formulario Metas para ver mejor, y compruebe el estado de su vista con el optotipo-C. Elija las afirmaciones y metas para el día siguiente, y el momento en que las pondrá en práctica. Cuando acabe el programa, tendrá un diario con sus aventuras.

METAS PARA VER MEJOR

Fase_____ Actividad _____

Afirmación _____

Metas   Horario de la práctica

1 _____   ____ 7.00   ____ 17.00
2 _____   ____ 8.00   ____ 18.00
3 _____   ____ 9.00   ____ 19.00
4 _____   ____ 10.00   ____ 20.00
5 _____   ____ 11.00   ____ 21.00
6 _____   ____ 12.00   ____ 22.00
7 _____   ____ 13.00   ____ 23.00
8 _____   ____ 14.00
9 _____   ____ 15.00
10 _____   ____ 16.00

Notas _____
_____
_____
_____
_____
_____

Resultados
1 _____
2 _____
3 _____
4 _____
5 _____
6 _____
7 _____

		Lejos	Cerca
Optotipo-C	Derecho	_____	_____
	Izquierdo	_____	_____
	Ambos	_____	_____

Respuestas físicas y emocionales _____
_____
_____
_____
_____
_____
_____
_____
_____

Actividad 1: Variar de enfoque

Objetivo

Agilizar la coordinación entre su mente y ojos.

Material

Su pulgar, una goma de borrar, una ventana, la cara de una persona o cualquier objeto situado entre usted y otros objetos más lejanos.

Instrucciones

Se trata de variar el enfoque rápidamente de un objeto cercano a uno lejano. Por ejemplo, imagínese mirando de cerca una flor roja y después un bosque a lo lejos.

Cubra un ojo con el parche, siéntese cómodamente y ponga su pulgar o índice ante su ojo descubierto.

Respire profundamente e imagine el aire fluyendo a sus ojos. Puede practicar este tipo de respiración en todos los juegos visuales.

Sin dejar de mirar el dedo, advierta lo borroso que está lo que «ve» detrás, a derecha, izquierda, arriba y abajo.

Cuanto más consciente sea de esa visión borrosa, mejor verá el pulgar. Asumir la visión borrosa ayuda a poner en forma la vista foveal y a representarse el estado de la retina.

Ahora, mueva su foco de atención hacia un objeto más allá de su pulgar. Repítalo, enfocando sucesivamente su pulgar y objetos cada vez más lejanos.

Después, pasee por la habitación en la que se encuentra y «vea» todo lo que hay, mientras «mira» su pulgar o un objeto lejano.

Piense en la visión borrosa como en una conexión con su visión pasada. Destruya ese implante en su memoria que dice que usted no puede ver. Mientras enfoca adelante y atrás, sienta su vista libre de las creencias del pasado. Imagine que su cerebro y ojos saben como sanarse a sí mismos.

Variar de enfoque le permite moverse en su mundo visual. Mientras lo hace, sienta lo que ve sin pensar en nada. Repita este ejercicio tres veces al día, respirando entre diez y veinte veces.

Sin mover la cabeza, siga con los ojos el pulgar mientras lo mueve horizontalmente, y advierta el movimiento de los objetos de detrás.

Observaciones

Advierta si se queda con la mirada fija, mantiene su respiración o deja de parpadear; si el estómago, hombros, cuello o nuca se le ponen tensos; si cuando ve borroso se siente inseguro, triste, contento, aterrorizado, solo o ansioso; si tiene muchas ganas de quitarse el parche.

Actividad 2: Cubrir con las palmas

Objetivo

Usar las manos para transmitir imágenes y energía a sus ojos.

Material

Una almohada y sus manos.

Instrucciones

Póngase cómodo, con los codos descansando sobre la mesa o con una almohada en el pecho para apoyar los brazos.

Tras frotar suavemente las palmas de las manos para calentarlas, cubra con ellas sus ojos cerrados (y relajados). Las palmas no deben presionar los ojos, sino apoyarse cuidadosamente en los huesos que los rodean.

Imagine que sus palmas son como imanes que absorben la tensión de los párpados y músculos oculares.

En los meses más fríos, visualice sus manos como una manta que calienta las estructuras de su ojo.

Visualice las partes de su ojo relajándose, como si fuesen los músculos de su cuerpo cuando se toma un baño caliente.

Cada vez que respire, sienta el calor de las palmas e imagine un saludable riego de sangre partiendo del corazón, subiendo por la espina, entrando en el cerebro, bajando por el nervio óptico y llegando a sus ojos. Represéntese la sangre cargada de oxígeno y de los sanos nutrientes de su dieta. Deje que las vitaminas y minerales fluyan hasta las partes de su ojo: vitamina A y zinc para la retina; B-complex para la mácula y la fóvea; cromo para el músculo focalizador; y vitaminas C, E y B_2 para el cristalino. Todo ello para que alcance una vista de 20/20.

Dos o tres veces al día, cubra los ojos con las manos entre dos y quince minutos para relajarse. También puede regular el tiempo que cubre los ojos mediante el ritmo respiratorio: para respirar treinta veces se necesitan entre dos y tres minutos.

Observaciones

Mientras cubra los ojos, advierta si puede percibir un color violeta; si existe una relación entre su pensamiento y su habilidad para ver colores oscuros; si su mente o voz interna interfieren en este juego; y si puede ralentizar su ritmo respiratorio.

Cuando quite las manos, advierta si se siente mejor, si lo ve todo claro y brillante, y si usa toda su capacidad de visión.

Prepárese para tener instantes de visión perfecta.

Actividad 3: Optotipo-C

Objetivo

Ser consciente de cómo, en su manera de percibir un optotipo-C, influyen la relajación, el cansancio, las afirmaciones, la alimentación, el estrés y la luz.

Material

Fotocopie los dos optotipos-C o arránquelos del libro. Cuelgue el «optotipo de lejos» de la pared, a un metro y medio de distancia, y sitúe el «de cerca» a unos cuarenta centímetros de sus ojos.

Instrucciones

Empiece con el «de cerca» o el «de lejos», según su reto sea ver bien de lejos o de cerca, respectivamente.

Optotipo de lejos

Para iluminar bien el optotipo, coloque, en una lámpara situada a un metro de distancia, una bombilla azul de 100 vatios con el espectro completo de la luz natural (ver la sección Servicios y programas para mejorar la vista).

Sitúese, sentado o de pie, a una distancia de uno a seis metros, de modo que apenas pueda ver las letras del centro. Cubra su ojo preferido con el parche y compruebe qué letras del optotipo-C puede adivinar.

No se trata de un test, sino de aprender a relajarse ante este optotipo simulado, para que se sienta más cómodo cuando su oftalmólogo le mida la vista. Si puede aprender a sentirse cómodo y confiado con el optotipo-C, le será más fácil percibir el optotipo de Snellen.

Fíjese en la fila de letras más pequeña que pueda ver. Anote en el formulario Metas para ver mejor el número que hay al final de la fila y la distancia a la que se encuentra usted del optotipo. Si lo desea, también puede verificar cómo percibe el ojo cubierto.

Consiga una transparencia del «optotipo de lejos» y cuélguela de una ventana, de forma que pueda ver a través de ella mientras lo mira. (Para más detalles, ver las actividades 15 a 19.)

Más adelante, en el programa, se explican modos más avanzados de jugar con el optotipo-C.

E

9

B C

8

F D L

7

P T E O

6

Z B F D E

5

L C T B F O

4

P E O F D L Z

3

O Z B T D F C E

2

B L D E C Z O P F

1

E 100

B C 50

F D L 35

P T E O 25

Z B F D E 20

L C T B F O 15

P E O F D L Z 10

O Z B T D F C E 7,5

B L D E C Z O P F 5

123

Optotipo de cerca

Para iluminar este optotipo, coloque una bombilla de 60 o 100 W en una lámpara a un metro de distancia.

Mantenga la carta a una distancia igual a la que hay entre sus nudillos y su codo o, simplemente, a una distancia tal que pueda ver claramente algunas de las letras.

Cubra su ojo preferido con el parche, pero si no puede descifrar ninguna letra o palabra, ponga el parche sobre sus lentes de baja graduación.

La meta del juego es poder descifrar letras o palabras cada vez más pequeñas. Fíjese en el número a la derecha de la fila de letras más pequeña que pueda descifrar. Mueva el optotipo adelante y atrás, y compruebe si, relajándose, puede ver las letras claramente cuando lo acerca a los ojos. Siga jugando con el optotipo durante unos cinco minutos.

Haga copias extra y colóquelas en diferentes partes de su casa u oficina. Mientras camine hacia el optotipo-C, compruebe su habilidad para descifrarlo. De esta manera podrá sentir en sus ojos la retroalimentación descrita en el capítulo 3. Cuando advierta grandes variaciones en su vista, busque la causa.

Observaciones

Mientras juegue con el optotipo-C, incorpore técnicas elementales, como variar de enfoque, cubrir con las palmas, respirar y parpadear.

Enfoque del «optotipo-C de lejos» al «de cerca» y viceversa. Cuando use el «de lejos», varíe de enfoque, inspirando mientras mira su índice o pulgar (situado a quince centímetros de sus ojos), y expirando cuando vuelva a mirar a lo lejos. ¿Cómo se siente mientras respira? ¿Experimenta instantes de claridad?

Imagine que del optotipo-C, en lugar de letras, sale un luz blanca que usted absorbe sin preocuparse por la nitidez de las letras. Se trata de no obsesionarse por deletrear, los instantes de claridad llegarán por sí solos. Esforzarse mucho es un mal hábito, que muchos de nosotros tenemos impreso en nuestro sistema de creencias y que frustra nuestra búsqueda de una visión más clara.

Actividad 4: Enfocar con suavidad

Objetivo

Aprender a mirar sin forzar la vista.

Material

El «optotipo de cerca», el «de lejos» o cualquier objeto con muchos detalles.

Instrucciones

Como cuando variaba de enfoque, cuando aprenda a enfocar con suavidad intente ser consciente de los detalles de lo que está mirando. Deje que el punto que enfoca, el objeto, represente su fóvea en el espacio; y que el entorno represente la retina en el espacio. Mientras mire y vea simultáneamente, estará simulando un enfoque suave.

A diferencia de las anteriores actividades, al enfocar con suavidad puede dejar de parpadear durante breves períodos de entre cinco y veinticinco segundos. Normalmente, la ausencia de parpadeo significa que se ha quedado con la mirada fija, pero si sigue las instrucciones, no le perjudicará. He visto a pacientes que dejaban de parpadear durante más de un minuto mientras enfocaban suavemente. Observe la influencia del parpadeo en la claridad de su visión. Lo esencial, es respirar con el diafragma, mientras lo haga, enfocará suavemente en vez de quedarse con la mirada fija.

Puede enfocar suavemente mientras lee, trabaja con ordenador o hace deporte. Si normalmente lleva gafas de alta graduación, puede utilizar el enfoque suave para no quedarse con la mirada fija. Enfoque con suavidad unos cinco minutos al día, mientras imagina que entra en un mundo visual sin visión borrosa.

125

Observaciones

Al principio, advierta cuando no enfoca con suavidad para poder corregirse. ¿Puede enfocar con suavidad mientras trabaja, cocina, limpia la casa, pasea o mira la televisión? ¿Se siente más equilibrado mientras lo hace? Enfoque con suavidad para afrontar partes de usted que no deseaba ver: talentos ocultos, amistades o familiares desatendidos que desea recuperar, o el deseo de cambiar de trabajo.

Actividad 5: Pintar y bostezar

Objetivo

Enseñar al ojo mental a ver blanco; a descargar la tensión de los músculos de la cara y mandíbula; y a producir lágrimas, que limpien y suavicen la córnea.

Instrucciones

Empiece bostezando. De acuerdo, en nuestra cultura se considera de mala educación, pero, en este juego, tiene permiso para bostezar libremente. Y hablo de un bostezo animal, ruidoso y con las mandíbulas totalmente abiertas. Para superar su inhibición, imagine que visita un zoo y juega con los chimpancés. No tema emitir sonidos animales, deje que los demás descubran su juego.

Bostece hasta que corran lágrimas por sus mejillas, e imagine como nutren sus ojos y los limpian de toxinas. Pasado un rato, seguramente descubrirá que bostezar le relaja, y experimentará más a menudo instantes de visión clara.

Ahora que está relajado, cierre los ojos e imagine que tiene un pincel pegado a la punta de su nariz, de manera que pueda pintar lo que quiera moviendo la cabeza.

Al principio, imagine que sólo tiene pintura blanca, con la que lo pinta todo. Puede empezar por su dormitorio, y continuar con el salón, el resto de su casa y su lugar de trabajo. Disfrute viéndolo todo blanco en su ojo mental.

Imagínese pintando el optotipo-C hasta que todas las letras estén cubiertas. Sienta en su ojo mental una luz blanca emanando del optotipo-C, entrando en sus ojos y su «tercer ojo» (situado entre sus ojos y su frente). Bostece un poco más para ver mejor la blancura. Pase entre cinco y diez minutos haciendo ambas cosas.

Pintando, aprenderá a disfrutar del blanco, el color del espectro completo de la luz solar. Tal como podrá experimentar en la segunda fase, la luz blanca tiene cualidades terapéuticas.

Encuentre momentos del día en que pueda bostezar o pintar. Si viaja en autobús o en tren, cierre los ojos e imagínese pintando de blanco las personas que le rodean. Bostece con fuerza mientras espera en los semáforos. Gradúe la intensidad de sus bostezos.

Observaciones

Siéntese ante el optotipo-C y, tras bostezar y pintar durante dos o tres minutos, mire de nuevo las letras. ¿Ve algo mejor? ¿Puede relajarse mientras practica este juego visual? Hable a su cerebro y hágale saber que desearía ver mejor lo antes posible.

Actividad 6: Swing ball

Objetivo

Activar e integrar las partes del cerebro en una serie de percepciones globales.

Material

Consiga una bola blanda y coloreada de unos ocho centímetros de diámetro, y clávele un clip de papel para poder atarle una cuerda de tres metros.

Ate el otro extremo de la cuerda a un gancho en el techo, y ajuste su longitud de manera que, cuando esté tumbado bajo la pelota, la tenga a unos cuarenta centímetros de sus ojos.

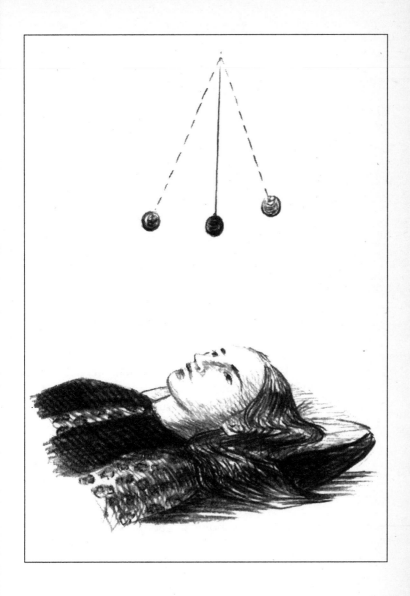

Recordatorio

No olvide usar el parche sobre un ojo durante la primera fase, sobre ambos durante la segunda, y ninguno durante la tercera.

Instrucciones

Descanse bajo la pelota sobre una superficie confortable como una alfombra, estera o cama. Asegúrese de que todo su cuerpo está relajado.

Coloque su cabeza con los ojos (con o sin parche) bajo la pelota. Mire la pelota y deje que su vista divague por la habitación mientras ve lo que la rodea. Recuerde que su fóvea está representada por la bola y su retina por el resto del espacio.

Como en los ejercicios anteriores, respire mientras enfoca la bola y el techo sucesivamente. Imagine cada vez más áreas de espacio siendo enfocadas.

Esta fase de la swing ball se practica sin la influencia de la gravedad, más tarde, repita el juego de pie.

Quizás desee pegar el optotipo-C del techo, por donde cuelga la pelota, para observar así cambios de claridad visual mientras juega.

Empuje suavemente la pelota para que se balancee desde por encima de la cabeza hacia los pies. Escuche música barroca para dar ritmo al juego, a mí me gustan las *Cuatro estaciones* de Vivaldi. Controle su respiración mientras sus ojos aprenden a seguir la bola. La meta es no forzar la mente ni la vista.

Vea cómo el espacio alrededor de la pelota parece moverse muy deprisa, como si mirase a través de la ventana de un tren en marcha.

Si siente tensión o ardor en el estómago y el pecho, repita esta fase del ejercicio hasta que su cuerpo y su mente estén más relajados.

Durante este juego aprenderá a sentir su cuerpo y emociones más profundamente de lo usual. Creo que los movimientos arriba y abajo de la bola afectan a los *chakras,* los siete centros de energía del cuerpo. Según esta teoría, mientras sigue la bola, el movimiento de sus ojos dirige un chorro de energía hacia el centro situado bajo la pelota. Por ejemplo, cuando la bola está encima del corazón, los ojos miran en esa dirección, y se estimula el centro de energía asociado al corazón *chakra*. Pasados cinco minutos de esta fase de swing ball, siento que mi cuerpo, mente, espíritu y ojos están más conectados.

Durante la siguiente fase, siga la pelota mientras oscila de izquierda a derecha, a cuarenta centímetros de sus ojos (descubiertos, o con un parche sobre uno de ellos). Los movimientos a derecha e izquierda de sus ojos le ayudarán a sincronizar los hemisferios del cerebro. Las investigaciones han demostrado que cuando los ojos miran hacia la izquierda, estimulamos el hemisferio derecho, y viceversa. Cruzar los ojos estimula la conexión y la integración de los procesos mentales.

Este ejercicio ha ayudado a varios pacientes que padecían problemas motrices. Recuerdo a un paciente disléxico diciendo en esta fase del juego: «¡Creo que mi ojo está borracho!»

Repita el ejercicio mientras respira entre veinte y cincuenta veces, sentirá sus ojos moviéndose muy suavemente de izquierda a derecha. Deje que la bola marque el ritmo de su respiración.

Ocasionalmente, enfoque el techo y después otra vez la pelota, ¿con qué rapidez puede cambiar de enfoque?

Cuando domine el juego, añada otra variable: cuando la pelota oscile a la derecha, diga «derecha», y cuando oscile a la izquierda, diga «izquierda». Repítalo hasta que se deje ir, y crea que puede practicar el juego sin esfuerzo.

Ahora, diga lo contrario: «izquierda» cuando la pelota oscile a la derecha, y «derecha» cuando oscile a la izquierda.

Cuando también domine este ejercicio, levante el brazo izquierdo mientras sus ojos giran a la izquierda y dice «derecha», y viceversa. Como puede ver, el juego puede volverse bastante complejo y requerir mucha memoria, confianza y vista; pero recuerde, porque lo que puede recordar, lo puede ver.

Si está listo para otro reto, elija una palabra que deletrear. Cuando la bola oscile a la izquierda, sin mover los brazos, diga la primera letra, y, cuando oscile a la derecha, diga la segunda.

Preste atención al movimiento de sus ojos y su cabeza. He constatado que cuando los pacientes empiezan a pensar en la palabra, en vez de visualizarla, sus ojos tienden a pararse.

Cuando sus ojos estén lo bastante en forma, añada movimientos de los brazos e incluso las piernas mientras deletrea.

Finalmente, elija dos palabras y deletree una cuando la bola oscila a la derecha y otra cuando oscila a la izquierda. Si por ejemplo las dos palabras son «Madrid» y «Valencia», puede empezar diciendo «M» cuando oscila a la derecha, y «V» cuando oscila a la izquierda. También puede levantar los brazos mientras deletrea. Todo ello exige altos niveles de imaginación, memoria, coordinación y atención.

También en este caso, para distraerse puede escuchar música relajante o incluso rock. La meta es ser capaz de jugar a la swing ball mientras deletrea, mueve los brazos y escucha una música que distrae. Cuando pueda hacer todo esto fácilmente, repita todo el proceso mientras permanece de pie con la swing ball a la altura de los ojos. Llegado a ese punto, su visión y su cerebro estarán sincronizados, y su forma de mirar será mas relajada.

Observaciones

¿Puede percibir el entorno, mientras sigue la pelota y realiza los ejercicios? ¿Puede relajarse y convertir cada nivel en un nuevo reto que dominar rápidamente? ¿Siente vértigo, náuseas o desorientación?

Mientras decida seguir en una fase del juego, no piense que debe pasar cuanto antes a las siguientes, tiene el resto de su vida para hacerlo. En cualquier momento, no dude en repetir juegos anteriores, y deje que sus ojos le digan cuándo necesitan un descanso. Por ejemplo, si se siente frustrado mientras juega a la swing ball, quítese el parche y cubra sus ojos con las palmas. Fíjese como así se relaja lo suficiente para continuar.

Finalmente, puede transferir esa nueva conciencia a su vida diaria. Si experimenta decaídas en su vista mientras trabaja, o la vista borrosa empieza a influir en su comportamiento, ponga uno o varios juegos en acción. Al final de las tres fases, la forma visual será parte de su rutina diaria, y controlará una serie de nuevas técnicas.

Actividad 7: Enfocar y barrer con la vista

Objetivo

Aprender cómo los movimientos del ojo permiten percibir mejor y con más calma.

Material

El optotipo-C, un libro, la cara de un amigo, el paisaje desde una ventana o la televisión.

Instrucciones

Éste es el último juego en el que llevará el parche sobre un ojo. Elija dos puntos, uno a la izquierda y otro a la derecha de su campo visual. Mientras respira, deje que su ojo enfoque adelante y atrás entre ambos puntos. Practique también el enfoque suave y cubra los ojos con las palmas.

Sienta lo que es mover el ojo tranquilamente, sin forzarlo. Este juego le permitirá romper con los comportamientos habituales de cansancio o mirada fija. Continúe variando el enfoque entre los dos puntos mientras respira veinte veces.

Si utiliza la cara de alguien, enfoque primero el lóbulo de la oreja, luego la ceja, la barbilla, la nariz, el ojo, la mejilla, etcétera. Este cambio de enfoque es especialmente útil si trabaja con ordenador. Enfoque diferentes puntos de la pantalla mientras el ordenador busca datos.

Quienes trabajan con ordenador, pueden colgar un optotipo-C de la pared o pegarlo a una ventana, de manera que quede detrás o al lado de la pantalla. Mirando el optotipo-C, sabrá si sus ojos siguen en forma. Cuando empiece a verlo borroso, pase un rato cubriendo los ojos con las palmas.

La siguiente fase es introducir el barrido: pintar con los ojos abiertos y sin el pincel imaginario. Como cuando pintaba en el juego anterior, barra con la vista el optotipo-C, la cara de sus amigos, dibujos, escenas tras la ventana, la pantalla del ordenador, o incluso su libro.

A diferencia de los cambios de enfoque, los barridos son tranquilos y sin esfuerzo. Al principio, quizás se encuentre conteniendo la respiración, pero la meta es barrer con soltura y facilidad.

Mientras practica estos juegos, aplique además las enseñanzas del enfoque suave y la swing ball.

Cada día, repita el ejercicio durante cinco minutos seguidos, o en dos o tres períodos cortos. Como con los otros juegos, puede recrearse el tiempo que quiera mientras aprende a dominarlo.

Observaciones

Fíjese cuándo su respiración es entrecortada o se esfuerza demasiado. Observe su postura. He observado que mis pacientes tienden a ladear la cabeza mientras juegan.

¿Puede incorporar las enseñanzas de este ejercicio en su vida cotidiana? Intente practicarlo mientras hace cola, espera en el semáforo, viaja en tren o autobús, cocina, limpia la casa, se afeita o se maquilla.

¿Qué tal ve el optotipo-C mientras lo enfoca de izquierda a derecha? ¿Lo ve con más detalle si barre cada fila de letras, la pinta de blanco y deja que la blancura llegue a sus ojos?

Enfoque cada fila de letras sucesivamente. Como las letras del optotipo-C le exigen percibir en dos dimensiones, quizás empiece a cansarse. La visión equilibrada sólo es posible cuando vemos en tres dimensiones, por ello, intente ver la tridimensionalidad del optotipo.

Si sus ojos no se mueven, empiece a variar de enfoque y a barrer.

Actividad 8: Lápiz en la nariz

Objetivo

Aprender a pintar con los ojos cerrados en su mundo visual.

Instrucciones

Con un parche doble, pasee durante unos minutos, adaptándose a su nueva manera de percibir. Observe si tiende a mirar más por el extremo de un ojo que por el otro. En ese caso, ¿se trata de su ojo preferido, el que cubrió en la primera fase? Si es necesario, mueva su cabeza para mirar por su ojo no preferido. Puede elegir con qué ojo mirar según la situación.

Si supone un reto para usted usar los dos ojos con el parche doble mientras lee o trabaja ante un escritorio, mire por su ojo no preferido, y después realice actividades que le permitan usar ambos ojos. También puede fabricarse otro parche, 1,5 cm más corto por cada lado, con el que le será más fácil leer con ambos ojos.

La meta es ver un poco con cada ojo. Si alinea su cabeza en la posición adecuada, su vista mejorará.

A continuación, recuerde el pincel en la punta de su nariz. Conjure cualquier imagen desagradable pintándola de blanco. Cuando esté del todo blanca, imagine que en la punta de su nariz hay ahora un lápiz que puede ser de cualquier color. Abra los ojos y dibuje en una pared blanca una imagen agradable. Después, repase los rincones de la habitación, los objetos que vea a través de la ventana, los muebles, o los detalles de las paredes. La meta es que su ojo mental aprenda a dirigir al físico. Repita este ejercicio unos cinco minutos al día.

¿Puede enfocar a diferentes distancias mientras usa el lápiz de la nariz? Fíjese si los ojos o los músculos circundantes se ponen tensos. Introduzca el enfoque suave entre cada sesión del lápiz en la nariz. ¿Le cuesta más repasar unas cosas que otras? ¿Mira más por un ojo que por el otro? ¿Puede mirar por ambos?

Actividad 9: Iluminar

Objetivo

Enseñar a los ojos y el cerebro a disfrutar de la luz y sus poderes curativos.

Material

Aunque lo ideal es recurrir a la luz del sol (nunca mirarla directamente), en muchas partes del mundo sólo es accesible durante ciertos períodos del año. En esos casos, el mejor sustituto de la luz solar es una bombilla azul de 60 o 100 W (ver la sección Servicios y programas para mejorar la vista), con la que podrá practicar este juego en una habitación. Asegúrese de que la lámpara tiene una pantalla, para no ver directamente la bombilla mientras trabaja.

Instrucciones

Siéntese cómodamente o permanezca de pie; cierre los ojos y diríjalos hacia el sol o la bombilla; el parche doble bloqueará algunos rayos, pero los demás calentarán sus ojos. Mientras siente el calor, imagine los rayos de la luz blanca emanando hacia usted. Imagine que es transparente y deje que los rayos vengan hacia usted. Represéntese todos los colores del espectro: violeta, añil, azul, verde, amarillo, naranja y rojo.

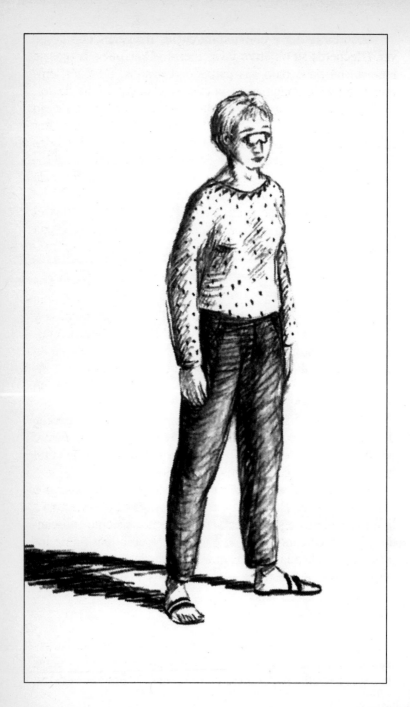

Absorba la luz y conviértala en las imágenes que desee ver. (Recuerde su objetivo y sus metas.) Deje que sus ojos se muevan un poco bajo sus párpados cerrados. Después, emprenda un viaje imaginario a la costa, en un cálido día de sol.

Mueva su cabeza de izquierda a derecha, para que cada ojo reciba la luz a través del párpado cerrado. Imagine su tercer ojo abriéndose como una flor, recibiendo todas las longitudes de onda de la luz beneficiosas para sus ojos. Imagine que los rayos de luz entran en sus ojos y rebotan como pelotas de goma en su retina, estimulando los bastones y los conos.

Represéntese la pequeña glándula pineal, situada tras el tercer ojo, recibiendo esta luz saludable. Deje que se cargue con la luz del color que elija, y que esa luz fluya para formar imágenes en el tercer ojo.

Mientras siente esa luz, empiece a parpadear una o dos veces mientras gira su cabeza adelante y atrás. Disfrute de la luz entrando en los ojos, represéntese su pupila cerrándose y abriéndose mientras parpadea. Sienta el músculo del iris ejercitándose mientras la pupila cambia de tamaño.

Repítalo cada día mientras respira cien veces o más.

Si trabaja con ordenador, practique este juego durante un minuto cada hora.

Además, en esta fase, lea con un ojo mientras lleva el parche doble. Pruebe leer con su ojo no preferido. Lea una revista o un libro a la luz de una vela, situada a una distancia de entre treinta y cuarenta centímetros de sus ojos.

Si se cansa, deje de leer, y cubra los ojos con las palmas o varíe de enfoque. Enfoque sucesivamente el parche y luego a lo lejos mientras respira diez veces. ¿Cómo se siente enfocando algo tan cercano como el parche? ¿Nota la tensión de los músculos? Pida a la persona que le ayuda que compruebe que sus ojos giran al unísono.

Observaciones

Mientras aprenda a dominar este juego, descubrirá que su relación con la luz cambia. Yo ya no dependo tanto de mis gafas de sol, especialmente desde que como menos alimentos grasos.

Este ejercicio es especialmente útil para las dos variedades de presbicia, especialmente la presbiopia: la asociada a la edad y que afecta la capacidad de leer caracteres pequeños. Al mantener la pupila cerrada, aumenta el contraste y ayuda al músculo ciliar a ajustar su foco. Este juego también es beneficioso para el tipo normal de presbicia, pues relaja el músculo ciliar.

Actividad 10: Meditación visual dinámica

Objetivo

Aprender a moverse tranquilamente y sin enfocar nada en especial.

Instrucciones

Vista ropa cómoda y, con el parche doble, permanezca de pie con los pies separados por una distancia igual a la anchura de sus hombros. Cierre los ojos y empiece a girar a la vez sus hombros, cadera y cabeza, de izquierda a derecha. Deje que sus manos se balanceen libremente, envolviendo su cuerpo. Cuando se mueva hacia la izquierda, deje que el pie derecho gire sobre el talón, como si jugase al golf y, a la inversa, gire el pie izquierdo cuando se mueva hacia la derecha. Al principio, siga así durante diez minutos.

Si se cansa o siente vértigo, compruebe en qué está pensando. Cuando consiga tranquilizar su mente, verá como su equilibrio es perfecto. Respire y represéntese bosques, montañas o el océano. Sienta su cuerpo moviéndose rítmicamente. Deje ir todos los pensamientos, como hojas cayendo de un árbol en otoño.

Cuando domine esta fase, cierre los ojos, enfoque sus párpados e imagine que puede ver a través de ellos, ¿qué ve?

¿Puede representarse la habitación moviéndose alrededor suyo, como si cabalgase en un tiovivo del parque?

Imagine que puede percibir el mundo enfocándolo, mientras practica lo que llamo MVD (meditación visual dinámica).

Amplíe su percepción aún más, suponga que tiene ojos lá-

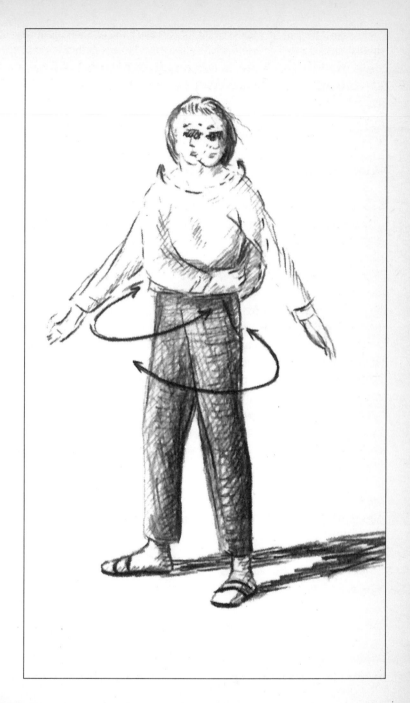

ser, como un robot, y que puede ver a través de las paredes; a través de la ciudad, la región, el país y el planeta, hacia el espacio exterior. Mientras lo hace, continúe moviéndose con los ojos cerrados, ¿cuánto tiempo puede hacerlo sin ver las imágenes borrosas?

Abra los ojos y continúe la MVD. Al principio, preste atención al parche mientras se balancea, e intente ver a través de él, tal como hizo a través de sus párpados cerrados. Poco a poco, empiece a mirar por los extremos del parche.

La meta es que sienta sus ojos firmes, moviéndose al unísono con su cabeza, hombros y cadera.

Divida el juego en fases, y domine cada una de ellas antes de pasar a la siguiente.

Observaciones

Pida a alguien que mire sus ojos, para asegurarse de que no se mueven desparejos.

Si siente tensión o cansancio, pinte de blanco, o varíe de enfoque y barra con la vista durante un rato.

Incorpore los juegos de la primera fase en el MVD. Experimente con diferentes músicas, yo he descubierto que los *Conciertos de Brandeburgo* de Bach crean un agradable *tempo* para este juego. Cuando finalice el juego, fíjese cómo ve el optotipo-C con el parche doble, y compruebe qué le pasa a su manera de *ver* y *mirar* cuando se quita el parche.

Actividad 11: Ejercicios para el músculo del ojo

Objetivo

Aprender a relajar los músculos del ojo.

Instrucciones

Póngase el parche doble, siéntese confortablemente con las manos apoyadas en su regazo y los pies paralelos en el suelo.

Respire profundamente unas pocas veces y, en una de las inspiraciones, gire sus ojos hacia arriba. La meta es girar los ojos lo más arriba posible sin forzarlos.

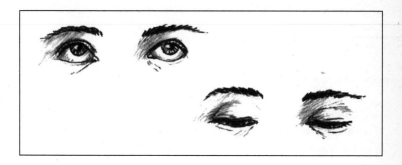

Contenga la respiración y, cuando expire, tense los músculos hacia abajo. Practique este movimiento arriba y abajo mientras respira tres veces. Después, repítalo, pero moviendo los ojos de izquierda a derecha primero, y en diagonal después. Sea consciente de su campo visual derecho cuando gira el ojo a la derecha, y viceversa.

Cuando domine los pasos anteriores, deje que sus ojos se muevan en círculos. Sin dejar de respirar, tense los músculos hasta los extremos, pero sin forzarlos, deben sentirse «vivos» tras tres o cinco rotaciones en ambas direcciones.

Recuerde que los ojos se ponen en forma cuando el juego visual es fácil, sin tensión ni cansancio. Si siente alguna tensión, respire un poco más y evite forzar los músculos.

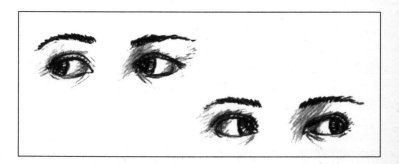

Cuando haya completado el ejercicio en todas las direcciones, invierta la respiración: expire mientras sube los ojos y viceversa. Después, quítese el parche doble y cubra sus ojos con las palmas.

Repita estos ejercicios tres o seis veces al día. Puede hacerlo mientras hace ejercicio, cocina, mira la televisión, lee, trabaja con ordenador, hace cola o camina.

Observaciones

Al principio, quizás sienta los músculos tensos, pero, a medida que practique el juego, se irán relajando. Al acabar la sesión, compruebe su vista con el optotipo-C, y presione cuidadosamente sus ojos cerrados.

Actividad 12: Desfilar

Objetivo

Enseñar a su cerebro, sus ojos y todo su cuerpo a sincronizarse en un funcionamiento global.

Instrucciones

Permanezca de pie con los brazos pegados al cuerpo, los hombros hacia atrás y las piernas juntas.

Elija un punto en el espacio, a ser posible tras una ventana, y mírelo con ambos ojos, a través de los extremos de su parche doble.

Empiece el juego imaginando que es un soldado: avance primero su brazo y pierna izquierdos, y después su brazo y pierna derechos. Practique esta marcha a buen ritmo mientras respira cincuenta veces. Cuando la domine, gire sus ojos hacia la izquierda mientras mueve sus miembros izquierdos, y viceversa. Será un reto al principio, pero sea paciente y descanse a menudo. Cuando también se familiarice con esta fase, tararee una canción mientras sigue desfilando. La meta es relajarse tanto que, sin tropezar, pueda dejar vagar su mente hacia la playa, los bosques y las montañas.

Finalmente, pase a un nivel superior: mueva simultáneamente el brazo izquierdo y la pierna derecha, como cuando camina. Al principio, mire al frente, pero después, añada los movimientos oculares y canturree. Sea valiente y atrévase a deletrear mientras desfila.

Observaciones

Yo desfilo sobre un pequeño trampolín mientras miro los pájaros a través de la ventana.

Desfile ante el optotipo-C, cruce los ojos en el parche y mire las letras. Pinte de blanco mientras desfila. Procure seguir relajado mientras escucha música o tiene un amigo dispuesto a distraerle.

Este juego es especialmente útil para poner los ojos en forma en personas con dislexia o problemas para leer.

Espero que haya comprendido que el único impedimento para divertirse con los juegos visuales es la pérdida de imaginación.

Actividad 13: Acupresión

Objetivo

Estimular los puntos de acupresión y acupuntura, mediante masajes y presiones. (En la acupresión se estimulan los nervios y los puntos de energía presionando con los dedos. La acupuntura, es un proceso similar en el que para estimular se insertan agujas.)

Instrucciones

No lleve parches durante este juego. Empiece con el punto hoku (ver la ilustración), que es el punto cardinal para los órganos de la cabeza y los ojos. Estimulando este punto puede aliviar los dolores de cabeza.

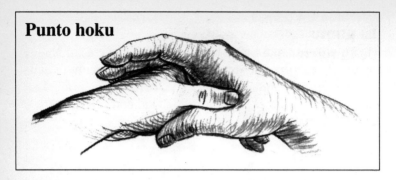

Punto hoku

Ponga el índice y el pulgar de la mano izquierda a modo de pinza sobre la «cumbre muscular» de la mano derecha (esa parte carnosa entre el índice y el pulgar). El pulgar de la mano izquierda debe quedar por fuera de la «cumbre muscular», y el índice por dentro, pegado a la palma de la mano.

Repita el proceso, situando el pulgar y el índice de la mano derecha sobre la «cumbre muscular» de la izquierda.

Si aumenta la presión del pulgar y el índice sobre ese área, estará estimulando el punto hoku. Repítalo en cada mano, mientras respira entre diez y veinte veces.

Otro punto útil para mejorar la visión del optotipo-C está en el párpado. Use ambos pulgares para presionar o practicar un masaje en las esquinas internas de sus párpados. Presione sobre ese punto hasta que sienta las primeras molestias. Puede apoyar los demás dedos en la frente.

El punto de los párpados

El punto de la nariz

El punto de la nariz se estimula con el pulgar y el índice sobre el puente de la nariz. De este modo, se alivia la presión debida al esfuerzo.

Aplicando un masaje en el punto de la sien, situado en un hueco a ambos lados de la cabeza, se alivia el dolor de cabeza

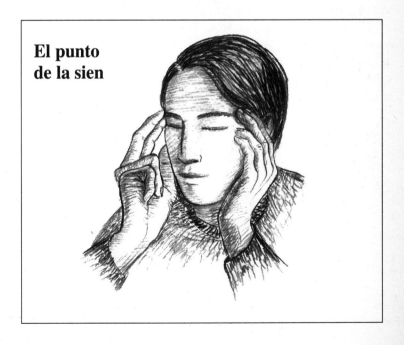

El punto de la sien

o la presión en las sienes. Sitúe sus índices sobre las sienes y localice el hueco, después, presione y aplique un masaje, mientras respira entre diez y veinte.

Practique un masaje con los dedos sobre los puntos situados en sus párpados y mejillas, en el sentido de la ilustración. Estimulando los puntos de los párpados, se alivia la tensión debida al esfuerzo; el masaje sobre las mejillas aclara la nariz y permite respirar mejor.

Observaciones

Combine la acupresión con el optotipo-C, ¿cómo se encuentra después? Halle su punto de acupresión más efectivo para aliviar la tensión.

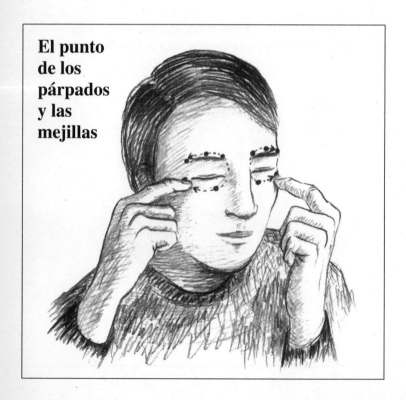

El punto de los párpados y las mejillas

Actividad 14: Masaje en el hombro y el cuello

Objetivo

Aliviar la tensión y mejorar el riego sanguíneo hacia los ojos.

Instrucciones

Lo ideal es tener a alguien que le ayude en esta actividad, pero puede practicarla solo. En ese caso, ponga la mano izquierda sobre su hombro derecho y aplique un masaje sobre el músculo, concentrándose en la parte cercana al cuello. Mientras lo hace, respire y mire a lo lejos. Pasado un rato, mueva su cuello haciendo círculos, y repita el proceso con la mano derecha sobre el hombro izquierdo.

Otro punto de acupresión relacionado con la vista es la nuca, en especial un área con dos protuberancias. Sitúe los pulgares sobre las dos protuberancias y descanse el resto de los dedos sobre la cabeza. Presione sobre las protuberancias o debajo de ellas, todo lo que pueda aguantar.

Observe el optotipo-C y disfrute de los instantes de claridad. Repita el ejercicio mientras respira entre veinte y cincuen-

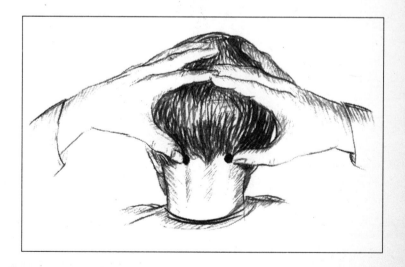

ta veces. Cuando esté en el trabajo, practíquelo cada dos horas, mientras respira cinco veces.

Observaciones

¿Cómo se siente tras cinco minutos de masaje? ¿Cómo ve el optotipo-C? ¿Lo ve claro al principio y después borroso? ¿Puede recuperar esa claridad? Combine los masajes con los ejercicios para el músculo del ojo. Descubra sus puntos de acupresión favoritos. ¿Qué combinación de juegos visuales le produce mejores resultados?

TERCERA FASE

NOTA: No lleve el parche en esta fase

Actividad 15: La cuerda

Objetivo

Preparar al cerebro para que acepte las percepciones de cada ojo, y enseñar a los ojos a cooperar en la coordinación global.

Material

Una cuerda de tres metros con tres anillas de colores.

Instrucciones

Ate un extremo de la cuerda a una fijación como el pomo de una puerta o un gancho atornillado en una superficie de madera. He visto cuerdas atadas a camas, terrazas, cuartos de baño y cocinas, pero la solución más ingeniosa que he visto fue atarla a una televisión.

Tense la cuerda y junte el otro extremo a su nariz, asegurándose de que los dedos no le tapan la vista. Ponga una de las anillas junto al extremo que ha atado, la otra en medio de la cuerda, y acerque la última anilla a una distancia de sus ojos que apenas pueda distinguir sus detalles. Si no la ve claramente, aléjela hasta que la vea mejor. La distancia variará según sea usted miope o présbita.

Con ambos ojos abiertos y respirando tranquilamente, focalice su atención (mirada) en la anilla más próxima y constate cómo se sienten sus ojos. ¿Ve la anilla doble? ¿Siente cansancio o tensión en los músculos de su ojo? Mientras mira la primera anilla, ¿ve lo que pasa detrás?

Las respuestas a estas preguntas le permitirán saber si sus ojos están en forma.

153

Si puede equilibrar su *ver* y su *mirar,* las anillas lejanas le parecerán dobles. También es una buena señal ver dos cuerdas saliendo en dos direcciones de la primera anilla, significa que su cerebro acepta las dos imágenes.

Si en cambio algún trozo de la cuerda desaparece, estará eliminando parte de su campo visual, quizás porque su subconsciente no desea ver todo lo que hay en su mundo. Si desaparece alguna de las anillas; eso significa que el cerebro no puede controlar simultáneamente las percepciones de ambos ojos.

Si puede acercar la primera anilla sin verla doble, su vista está en forma. En caso contrario, practique el juego más a menudo hasta que lo consiga.

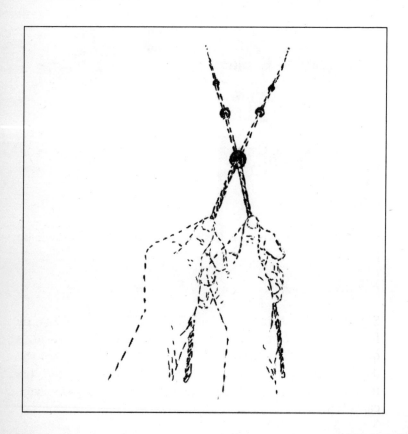

La cuerda es muy útil para preparar a los niños que aprenden a leer. También puede servirle para verificar el estado de su vista después de trabajar ante un ordenador.

Practique el juego mientras respira entre veinte y treinta veces, después, enfoque las demás anillas, y, al acabar, cubra sus ojos con las palmas.

Observaciones

¿En qué casos desaparecen las anillas o partes de la cuerda? ¿Qué pasa con la cuerda y las anillas cuando deletrea, habla o piensa? Enfoque sucesivamente las anillas, *mire* una mientras *ve* las demás. Cierre los ojos e imagine la posición de las anillas, enfóquelas con su ojo mental. ¿Se siente con más vigor tras el juego?

Actividad 16: El alambre

Objetivo

Aplicar los conceptos de la actividad 15 en el espacio y nuestra vida cotidiana. Capacitar al cerebro y los ojos para *ver* y *mirar* simultáneamente.

Material

Ochenta centímetros de cable eléctrico flexible, con funda de plástico.

Instrucciones

Siguiendo la ilustración, adapte el alambre a su cabeza, de forma que un trozo de cinco centímetros quede vertical, a quince centímetros de sus ojos. Como en el juego con la cuerda, verá doble ese trozo de alambre vertical. Siempre que mire algo, sitúelo exactamente entre los dos alambres verticales ficticios.

Asegúrese de que siempre ve dos alambres verticales y, si no, parpadee, respire profundamente, dirija sus ojos hacia el alambre y relájese. De esta manera, debería volver a ver el segundo alambre. En caso contrario, quítese todo el alambre de la cabeza, cubra los ojos con las palmas, tense los músculos, practique un masaje en la cara y bostece. Repita el ejercicio hasta que vea dos alambres. (*NOTA: si es incapaz de ver dos alambres verticales, puede que su vista no esté en* forma *como para dominar ahora este ejercicio. Continúe practicando los juegos anteriores hasta que su vista mejore.*) Camine alrededor de la habitación situando los objetos entre los alambres verticales. La meta, como en el juego anterior, es ser capaz de *ver* y *mirar.* Lo que *ve* aparece doble, al contrario de lo que *mira.*

Mire a través de una ventana e imagine que puede ver hasta la otra punta de la ciudad, más allá de su región, a través del país. Mientras se imagina viendo claramente un objeto a lo lejos, fíjese en la separación entre los dos alambres verticales.

Suponga que mirar más allá es como crear más espacio. Cuanto más separados vea los alambres, más a lo lejos estará mirando, y más espacio creará.

Como en el juego anterior, imagine una cuerda que vaya del objeto a lo lejos hasta el (único) alambre real.

Cuando mire directamente al alambre, dejará de verlo doble, y sus ojos estarán cruzados. Recuerde que es bueno cruzar los ojos, que no se quedará bizco, pero no los fuerce.

No hay límite de tiempo para este juego.

Observaciones

¿Cómo se siente cuando sólo ve un alambre vertical? Si siente cansancio o tensión, parpadee y cubra sus ojos con las palmas, mientras respira entre veinte y cincuenta veces.

Practique con el alambre mientras mire la televisión, lea, cocine, hable con los amigos y trabaje con un ordenador. Advierta cuando deja de ver el alambre doble, o cuando uno de los alambres se difumina, se mueve o desaparece. Fíjese también en qué casos evita mirar entre los dos alambres.

156

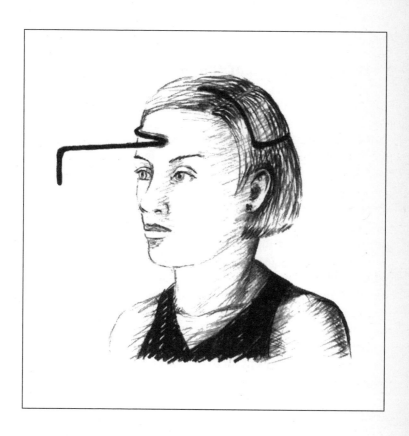

Este juego es una excelente manera de aprender como el pensamiento, el dolor y la tensión afectan a la manera de coordinar los ojos.

Actividad 17: Enfocar el pulgar

Ver en el capítulo 11 una descripción de este juego.

Actividad 18: Pulgar doble

Objetivo

Ser consciente de la visión estereoscópica y desarrollar más la coordinación global.

Instrucciones

Ponga los pulgares uno detrás de otro, a veinticinco centímetros de sus ojos, y perciba dos pulgares mientras mira a lo lejos. Después, póngalos uno al lado del otro, a unos cinco centímetros de distancia y, mientras sigue mirando a lo lejos, advierta que esta vez ve tres o cuatro pulgares. Cuando enfoque al punto en que cree haber tres pulgares, volverán a haber dos. Si enfoca de nuevo a lo lejos, recuperará el tercero. Siga enfocando de esta manera hasta que no le cueste ver tres pulgares, incluso apoyado en un solo pie.

Mueva sus dos pulgares reales adelante y atrás, comprobando el efecto sobre su capacidad de seguir viendo tres pulgares.

Si cruza los ojos suavemente, volverá a ver tres o cuatro pulgares. La meta consiste en ver tres y que el medio sea lo más claro posible. También, en este caso, mueva sus pulgares reales adelante y atrás, comprobando cómo cambia lo que ve. Finalmente, vuelva a mirar a lo lejos y perciba de nuevo tres pulgares.

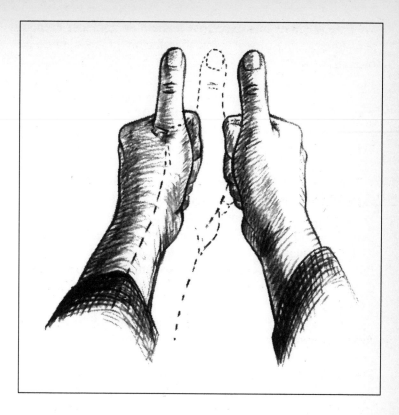

Para dominar este juego, practíquelo durante quince minutos si es necesario.

Observaciones

Deletree palabras mientras enfoca a diferentes distancias. Mire el optotipo-C y advierta los cambios en su vista, variando de enfoque de vez en cuando para recuperar los tres pulgares. No deje de cubrir los ojos con las palmas, practicar la acupresión y bostezar.

Actividad 19: Círculo

Ver en el capítulo 11 una descripción de este juego.

Actividad 20: Imaginar

Objetivo

Aprender a crear las imágenes que desee con la visión interna.

Instrucciones

Encuentre un lugar tranquilo, relájese, disfrute respirando profundamente cinco veces, e imagínese tal como es ahora: vea su casa, animales, dormitorio y cocina; vea el color de las paredes y la vista desde las diferentes ventanas; imagine el viaje que realizó el pasado verano. Represéntese las imágenes en colores vívidos, suponga que puede sentir los objetos que ve. Rememore conversaciones con sus amigos, familiares y compañeros de trabajo. Retroceda hasta cualquier época para practicar este juego.

¿Qué tal ve a sus padres? ¿Puede verlos junto a usted? ¿Siente su amor? ¿Puede suponer que sus padres le aman?

Imagínese sin gafas o lentillas. ¿Cómo desearía ver sin ellas? ¿Cuándo cree que podrá hacerlo? Véase como un niño sin gafas. Rememore los dieciocho meses anteriores a su primer par de gafas, y la angustia que sintió en esa época. Deje que su ojo mental cree las imágenes que desee de su pasado, presente y futuro.

Observaciones

¿Con qué facilidad imagina? ¿Puede dejar fluir su mente? ¿Puede tranquilizar su mente consciente y ver imágenes? ¿Le cuesta escribir sobre sus imágenes? ¿Cómo se relaciona este juego con sus metas y objetivos?

Actividad 21: Programa de mantenimiento

Objetivo

Revisar el programa completo y decidir cómo incorporar los elementos más efectivos en su vida cotidiana.

Instrucciones

Repase su diario y recuerde los ejercicios que consideró más efectivos. Haga una lista de las actividades que desearía continuar. Su programa de mantenimiento puede incluir relajación, imágenes, parches, juegos visuales, dietas, ejercicios aeróbicos, afirmaciones y recordatorios.

Quizás desee usar el optotipo-C una vez a la semana, y usar parches para actividades especiales como leer o trabajar ante un ordenador.

¿En qué momento del día podría practicar sus juegos favoritos? Debería exponer en una guía cómo pretende continuar su programa para ver sin gafas.

Observaciones

¿Sigue con el programa? ¿Busca el apoyo de un oftalmólogo? ¿Cuándo espera conseguir unas gafas menos graduadas? ¿Tiene algún amigo con quien repetir el programa en el futuro?

SUMARIO DE JUEGOS VISUALES

	Actividad	Juego
Primera fase (parche sobre un ojo)	1	variar de enfoque
	2	cubrir con las palmas
	3	optotipo-C
	4	enfocar con suavidad
	5	pintar y bostezar
	6	swing ball
	7	enfocar y barrer con la vista
Segunda fase (parche doble)	8	lápiz en la nariz
	9	iluminar
	10	meditación visual dinámica
	11	ejercicios para el músculo del ojo
	12	desfilar
	13	acupresión
	14	masaje en el hombro y el cuello
Tercera fase (ningún parche)	15	la cuerda
	16	el alambre
	17	enfocar el pulgar
	18	pulgar doble
	19	círculos
	20	imaginar
	21	programa de mantenimiento

Sugerencias para ver sin gafas
paso a paso

Para mejorar su vista con el programa, siga estas sugerencias y tómese el tiempo que quiera antes de pasar a una nueva fase. No es necesario seguir los pasos en orden. No tema recrearse en alguna fase que capte su atención.

- ► Lea las tres primeras partes de este libro.
- ► Anote en su diario sus logros, sensaciones e ideas.
- ► Si lleva lentes de contacto y tiene unas lentes de apoyo, empiece a usar gafas.
- ► Si no tiene gafas de recambio, consiga unas de transición que compensarán su vista hasta 20/25.
- ► Si lleva gafas, pídale a un médico que le prescriba unas 20/40 del tipo forma visual.
- ► Para conocer el estado de su vista, responda al cuestionario del capítulo 1, y practique con los optotipos-C de las páginas 122 y 123.
- ► Determine su estilo visual con el ejercicio del capítulo 5.
- ► Considere la posibilidad de variar su dieta según las sugerencias del capítulo 6.
- ► Considere la posibilidad de incorporar ejercicios aeróbicos en su vida cotidiana.
- ► Incremente sistemáticamente el tiempo que pasa al día sin sus gafas o lentes. Anote qué actividades puede realizar sin ellas.
- ► Practique los juegos visuales del capítulo 11 para poner sus ojos en forma.
- ► Tómese una semana para definir sus metas y objetivos.
- ► Durante una semana, pase entre diez y veinte minutos al día

practicando con el optotipo-C, e incorpore las afirmaciones de las páginas 104 y 105.

► También durante una semana, practique la actividad 9 entre diez y veinte minutos al día, bajo luz natural y sin gafas.

► Empiece a llevar un parche sobre su ojo preferido (dominante) o sobre la lente que le corresponde en sus gafas del tipo forma visual, y mida el tiempo que puede llevarlo sin sentirse incómodo. Añada al parche alguna nota humorística para que los demás no crean que algo va mal, y sepan que se trata de un juego. Intente llevar el parche cuatro horas seguidas, pero, si se siente incómodo, alcance ese período mediante incrementos progresivos. (*NOTA: no use el parche en situaciones peligrosas, como conducir. Empiece llevándolo en la tranquilidad de su hogar, y no experimente hasta que se sienta seguro.*)

► Para familiarizarse con las actividades con un solo ojo de la primera fase, empiece practicándolas sin gafas. Relea las instrucciones de los siete juegos de esta fase hasta familiarizarse con su contenido. Cuando haya interiorizado la información, podrá incorporarlos a su vida cotidiana.

► Repita el proceso con los juegos de la segunda y tercera fase, cuando se haya familiarizado con todos, practique sus favoritos unos quince minutos al día.

► Mantenga sus objetivos, tal como se subraya en el capítulo 12.

► Vuelva a visitar a su médico si es necesario.

Epílogo: Una visión global

Nuestro hogar, el planeta tierra, está cada vez más contaminado. Quienes somos capaces de verlo debemos enfrentarnos a la ceguera y al rechazo de los que nos rodean. Tenemos una creciente necesidad de ver más claro, sin la distorsión de nuestras gafas o juicios mentales. Los asesinatos inútiles, los bosques talados y los suelos contaminados con desechos químicos son algunos ejemplos de esta ceguera. Estamos pagando nuestra irresponsabilidad del pasado. Nuestra salud y nuestra vitalidad se resienten: los problemas de vista como la miopía y otras enfermedades proliferan entre jóvenes y adultos. La pérdida de vista refleja problemas actuales como los efectos de la televisión, los abusos a menores, la ruptura de las familias o la alimentación insuficiente.

Deseo sinceramente que este libro ayude a recuperar su vista a aquellos que están dispuestos a tener un punto de vista claro. Sé que lo compartirá con otros y, que de esta manera, el planeta se convertirá en un mundo mejor. Por favor, si está en contacto con personas que ocupen puestos de responsabilidad, comparta con ellos este libro. Necesitamos que los políticos y los responsables de la sanidad vean claramente qué es el poder y cómo cambiarlo. Gracias por leer y aplicar este conocimiento.

———————

¡Allá donde mire, vea amor y paz!

———————

Robert-Michael Kaplan

165

Apéndice

La investigación médica citada a continuación tuvo lugar en la Clínica Optométrica de la Pacific University, en Portland, durante el otoño de 1982. Los resultados fueron presentados ese mismo año en Chicago, en el congreso anual de la Academia Americana de Optometría. El doctor Brian Herson colaboró en la compilación de los datos estadísticos.

SUJETOS SELECCIONADOS

Los sujetos de la investigación clínica fueron elegidos al azar entre quienes respondieron a un anuncio en el periódico o a peticiones personales. Los candidatos eran examinados por un optómetra para descubrir niveles corrientes de mala refracción, desequilibrios musculares, estereopsis o presbiopía, entre otras dolencias. Sólo los pacientes miopes y présbitas eran elegidos para el estudio.

A los sujetos se les daba información escrita y verbal sobre los propósitos de la investigación, su duración y los compromisos que se les exigían. Las mediciones eran realizadas por internos de optometría, supervisados por optómetras clínicos. Ninguno de los internos o pacientes sabía quiénes formaban parte del grupo experimental.

El investigador eligió al azar los miembros del grupo de estudio, y se los llevó de fin semana para informarles que ellos eran los pacientes analizados. Se les dio explicaciones sobre el sistema visual, la utilidad de las afirmaciones, la dieta, los ejercicios aeróbicos, la autorrelajación, las cintas de audio, el uso de los optotipos-C y los juegos visuales. A cada sujeto se le proporcionaba un manual que contenía gran parte del material de *Vea mejor sin gafas*, todos los juegos del programa en tres fases y algunas indicaciones para mantener el compromiso con el programa. También se les proporcionaba formularios en los que anotaban su dieta diaria, su horario de ejercicios y los resultados con el optotipo-C. Los sujetos rellenaron los cuestionarios de forma y *estilo* visual de los capítulo 1 y 5 respectivamente.

Los sujetos formaban equipos de apoyo, cada uno de los cuales designaba a un responsable. En cualquier momento, un sujeto podía llamar al responsable de su grupo para contarle sus problemas. Una vez a la semana, los equipos se reunían para explicar sus retos y las experiencias al responsable, quien, a su vez, hablaba con el investigador. De esta manera, existía una constante comunicación entre los sujetos y el investigador que permitía solucionar cualquier problema o malentendido.

EL PROGRAMA

Cada fase del programa duraba una semana. La primera se dedicaba a la vista con un solo ojo: durante cuatro horas diarias, los pacientes llevaban el parche sobre un ojo, en situaciones de su vida cotidiana en las que se sintiesen seguros; practicaban juegos visuales, añadiendo uno nuevo cada día; y aplicaban técnicas de respiración y relajación.

En la segunda semana, los sujetos practicaban la vista con ambos ojos: se les daban parches dobles y se añadían nuevos juegos a los de la semana anterior. Los juegos no exigían instrumentos y eran fácilmente comprensibles.

En la tercera semana, dedicada por entero a la vista sin parches, se añadía a los juegos anteriores un juego binocular diario.

Durante estas tres semanas, los sujetos vigilaron su dieta, ejercicios aeróbicos, resultados con el optotipo-C, metas y experiencias personales. Al cabo de estas tres semanas, repasaron sus experiencias y se prepararon para el último test.

RESULTADOS

Todos los pacientes se sometieron a la vez al último test, realizado por internos que ignoraban a qué equipo pertenecía cada cual. En la tabla I, se clasifican los grupos experimentales y de control según su edad, nivel de estudios y número (n) de miopes y présbitas.

TABLA I

LOS SUJETOS EN CIFRAS

	Control	Experimental
Números (n)	21	62
Edad media	37	34,7
Edad mínima	25	14
Edad máxima	64	60
Nivel de estudios:		
<Secundarios		1,7%
Secundarios		11,7%
>Secundarios		25%
Universitarios		41,6%
>Universitarios		6,7%
Master		6,7%
>Master		6,7%
Miopes	15	50
Présbitas	6	12

En la tabla II, se exponen los datos clínicos de los grupos experimentales y de control. La estereopsis y las diferencias de fijación se midieron con el American Optical Vectograph Slide, filtros polaroid, y prismas de cerca y de lejos.

TABLA II

DATOS DE LOS GRUPOS EXPERIMENTALES Y DE CONTROL

Test	Control				Experimentales			
	n	$\bar{X}b$	$\bar{X}a$	t	n	$\bar{X}b$	$\bar{X}a$	t
A.V. @ de lejos sin ayuda	17	20/75	20/66	0,88	44	20/105	20/77	3,877
Estereopsis a través del Rx habitual	18	138"	126"	–0,638	48	206"	156"	3,15*
Dioptrías prismáticas en la disparidad de la fijación @ lejos	18	4,58	4,5	0,9	45	5,2	7,48	–5,38*
Dioptrías prismáticas en la disparidad de la fijación @ cerca	18	6,82	8,65	–1,55	45	7,58	9,02	–2,76*
Puntuación en el cuestionario de forma visual	20	7,55	8,85	–1,37	58	5,82	9,67	–7,17*
Tiempo que lleva lentes 20/20 Rx# en %					40	78,9%	19,2%	11,66*

$\bar{X}b$ = puntuación en el primer test
$\bar{X}a$ = puntuación en el último
  * = nivel significativo de al menos 0,05 en dos test a medida y cinco preparados anticipadamente.
  # = test improvisados

En el grupo experimental, los resultados del último test muestran un mejora respecto al primero en la agudeza visual de lejos, la estereopsis de lejos y las dioptrías prismáticas en la disparidad de la fijación de cerca y de lejos. Los demás datos optométricos no mejoraron entre ambos test.

La puntuación en el cuestionario de forma visual también cambió significativamente en el grupo experimental. Cuando a los sujetos se les preguntó durante cuánto tiempo llevaron las gafas a lo largo del programa, se descubrió que su dependencia de las gafas había disminuido del 78,9 hasta el 19,2 % del tiempo.

En la tabla III, una clasificación de los grupos miope y présbita, se aprecia que este último no experimentó ningún cambio significativo. Quizás sería necesaria una muestra más detallada para comprobarlo.

En la tabla IV se expone en qué porcentaje variaron una se-rie de comportamientos entre el primer y el último test. Para calcularlo, los pacientes rellenaron un cuestionario, numerando de uno a diez la frecuencia con que adoptaban un comportamiento: 1 si nunca lo hicieron, 10 si lo hacían constantemente. Cada uno de los comportamientos de la lista obtuvo al menos un 5.

TABLA III

GRUPOS EXPERIMENTALES
DE MIOPES Y PRÉSBITAS

Test	Miopes				Présbitas			
	n	$\bar{X}b$	$\bar{X}a$	t	n	$\bar{X}b$	$\bar{X}a$	t
A.V. @ de lejos sin ayuda	36	20/110	20/77	3,12*	11	20/68	20/61	2,5
A.V. @ de cerca sin ayuda	30	20/26	20/27	0,988	8	20/35	20/34	–0,32
Estereopsis a través del Rx habitual	40	194"	150"	2,51	8	240"	187,5"	–1,87
Dioptrías prismáticas en la disparidad de la fijación @ lejos	39	5,1	7,5	–5,18*	6	6	7,7	–1,41
Dioptrías prismáticas en la disparidad de la fijación @ cerca	37	7,82	9,12	2,44	8	6,5	8,56	–1,3
Puntuación en el cuestionario de forma visual	40	5,87	9,98	–7,95*	12	7,75	9,17	–2,05

$\bar{X}b$ = puntuación en el primer test
$\bar{X}a$ = puntuación en el último
  * = nivel significativo de al menos 0,05 en dos test a medida y cinco preparados
    anticipadamente.

172

TABLA IV
COMPORTAMIENTOS

Comportamiento	Número de sujetos que adoptan el comportamiento*		
	Primer test	Último test	Cambio en %
Saltarse palabras o frases	22	13	41
Releer líneas o frases	30	14	53
Leer demasiado despacio	22	13	41
En lecturas prolongadas, poca comprensión o rápida pérdida de interés	15	7	53
Dolores de cabeza en la frente o las sienes	14	7	50
Fruncir el ceño o bizquear	20	14	30
Apoyar la cabeza en la mano mientras escribe	5	11	55
Escribir con letra torcida y/o demasiado apretada	12	7	42

*Ver el texto para una explicación detallada.

Sumario

El programa en tres fases de *Vea mejor sin gafas* demuestra que, cuando a los pacientes se les ayuda a seguir una aproximación interdisciplinar para mejorar su vista, los cambios se pueden constatar con mediciones optométricas.

Aunque los datos sobre la refracción no cambian significativamente, tanto la mejora en la disparidad de la fijación como las respuestas de los pacientes al cuestionario sobre comportamientos evidencian una mayor capacidad de dominar el estrés visual.

Las mejoras en los comportamientos relacionados con la capacidad visual sugieren que el movimiento de los ojos, la focalización y la binocularidad pueden modificarse practicando en casa un programa como el de *Vea mejor sin gafas*.

Conclusiones

De entre el sinfín de aspectos del programa, como la dieta, la relajación, los parches, los ejercicios, los juegos visuales, el apoyo o las afirmaciones, los estudios futuros deberían determinar cuáles son responsables de los cambios significativos. Pero también es posible que la aproximación holística sea indispensable para cambiar a la persona en conjunto. Cuando los pacientes repitieron el programa sin apoyo, fueron menos propensos a cumplir exigencias como la dieta o los ejercicios, pero los resultados no variaron significativamente. Los futuros estudios deberían investigarlo.

La investigación demuestra claramente que, cuando las personas son adecuadamente preparadas y supervisadas, pueden practicar el programa en casa. Me gustaría que este tipo de programas caseros fuesen explicados a nuestros hijos, para que ellos también pusiesen sus ojos en forma y quizás pudiesen *Vea mejor sin gafas.*

Bibliografía

Akyol, N., *Aqueos humor and serum zinc and copper concentrations of patients with glaucoma and cataract*, British J. Ophthal. 74: 661-62, 1990.

Anderson, A., *How the mind heals*, Psychology Today, Dec. 1982, pp. 51-56.

Aronsfeld, G. H., *Eyesight training and development*, J. Am. Optom. Assoc. 7(4): 36-38, 1936

Baldwin, W.R., *A review of stadistical studies of relations between myopia and ethnic, behavioral, and psychological characteristics*, Am. J. Optom. Physiol. Opt. 58(7): 516-27, 1981.

Balliet, R., Clay, A., y Blood K., *The training of visual acuity in myopia*, J. Am. Optom. Assoc. 53(9): 719-24, 1982.

Beach, G., y Kavner, R. S., *Conjoint therapy: a cooperative psychoterapeutic-optometric approach to therapy*, J. Am. Optom. Assoc. 48 (12): 1501-08, 1977.

Bell, G., *A review of the sclera and its role in myopia*, J. Am. Optom. Assoc. 49: 1399-1403, 1978.

Bell, G. R., *The Coleman theory of accommodation and its relevance to myopia*, J. Am. Optom. Assoc. 51(6): 582-87, 1980.

Birnbaum, M. H., *Holistic aspects of visual style: a hemispheric model with implications for vision therapy*, J. Am. Optom. Assoc. 49(10): 1133-41, 1978.

Dowis, R. T., *The effect of a visual training program on juvenile delinquency,* J. Am. Optom. Assoc. 48(9): 1173-76, 1193-94, 1977.

Forest, E., *Functional vision: its impact on learning,* J. Optom. Vis. Devel. 13(2): 12-15, 1982.

Francke, A. W., y Carr, W. K., *Culture and the development of vision.* J. Am. Optom. Assoc. 47(1): 14-41, 1976.

Friedman, E., *Vision training program for myopia management,* Am. J. Optom. Physiol. Opt. 58(7): 546-53, 1981.

Gil, K. M., y Collins, F. L., *Behavorial training for myopia: generalization of effects,* Behavior Res. Ther. 21(3): 269-73, 1983.

Goss, D. A., *Attemps to reduce the rate of increase of myopia in young people: a critical literature review,* Am. J. Optom. Physiol. Opt. 59(10): 828-41, 1982.

Gottlieb, R. L., *Neuropsycology of myopia,* J. Optom. Vis. Devel. 13(1): 3-27, 1982.

Graham, C., y Leibowitz, H. W., *The effect of suggestion on visual acuity,* Int. J. Clin. y Exo. Hypnosis 20(3): 169-86, 1972.

Greenspan, S. B., *1979 Annual review of literature in developmental optometry,* J. Optom. Vis. Devel. 10(1): 12-74, 1979.

Harris, P. A., *Myopia control in China,* Opt. Extension Program 53, 1981.

Jensen, H., *Myopia progression in young school children and intra ocular pressure,* Documenta Ophtalmologica 82: 249, 1992.

Kaplan, R.-M., *Hypnosis, new horizons for optometry,* Rev. Optom. 115(10): 53-58, 1978.

Kaplan, R.-M., *Orthopics or surgery? A case report,* Optom. Weekly 68(39): 33-36, 1977.

Kaplan, R.-M., *Changes in form visual fields in reading disabled children produced by sintonic (colored light) stimulation,* The Int. J. of Biosocial REs. 5(1): 20-33, 1983.

Kappel, G., *Cataract prevention and cure research,* Opt Extension Program 52, 1980.

Kefley, C. R., *Phychological factors in myopia,* J. Am. Optom. Assoc. 33(6): 833-37, 1962.

Kirshner, A. J., *Visual training and motivation,* J. Am. Optom. Assoc. 38(8): 641-45, 1967.

Kruger, P. B., *The effect of cognitive demand on accommodation,* Am. J. Optom. Physiol. Opt. 57(7): 440-45, 1980.

Lane, B. C., *Nutrition and vision,* J. Optom. Vis. Devel. 11(3): 1-11, 1980.

Lane, B. C., *Diet and glaucoma*, J. Am. College of Nutrition 10(5): 536, Abstract 11, Oct. 1991.

O'Toole, A. J., y Kersten, D. J., *Learning to see random dot stereograms, perceptions* 21(2): 227-43, 1992.

Passo, M. S., *et al.*, *Exercise training reduces intraocular pressure among subjects suspected of having glaucoma,* Arch. Ophtal. 109: 1096-98, 1991.

Rutstein, R. P., y Fuhr, P. C., *Efficacy of stability of amblyopia,* Therapy, Vis. Sci. 69(10): 747-54, Oct. 1992.

Whitmore, W., *Congenital and developmental myopia,* Eye 6: 361, 1992.

Lecturas recomendadas

Aihara, Herman, *Basic Macrobiotics*, Tokio y Nueva York: Japan Publications, Inc., 1985.

Argwal, R. S., *Mind and vision, Sri Aurobindo Ashram trust,* Lotus Light (P. O. Box 2, Wilmot, WI 53192), 1978.

Asher, Harry, *Experiments in seeing,* Grewinch, Connecticut: Fawcett, 1961.

Brown, Barbara, *Super mind,* Harper Row, 1980.

Buzan, Tony, *Cómo utilizar su mente*, Deusto, 1993.

Coca, Arthur, *The pulse test,* Nueva York: Arco, 1978.

Cooper, Kenneth, *The aerobics way,* Nueva York: M. Evans, 1977.

Delacato, Carl H., *The treatment and prevention of reading problems,* Springfield, Illinois: Charles C. Thomas, 1959.

Edwards, Betty, *Drawing on the right side of the brain,* Los Ángeles: Tarcher, 1979.

Forrest, Elliot B., *Stress and vision,* Optometric Extension Program Foundation Inc. (2912 S. Daimler St., Santa Ana, CA 92705-5811), 1988.

Franck, Frederick, *The zen of seeing,* Nueva York: Vintage Books, 1973.

Gold, Svea, *When children invite child abuse: a search for answers when love is not enough.* Eugene, Oregón: Fern Ridge Press, 1986.

Goldberg, Stephen, *The four-minute neurological exam*, Medmaster, 1984.

Goodrich, Janet, *Natural vision improvement*, Berkeley, California: Celestial Arts, 1986.

Huxley, Aldous, *Las puertas de la percepción*, Edhasa, 1992.

Kaplan, Robert-Michael, *The power behind your eyes,* Inner Traditions International (one Park Street, Rochester, VT 05767), 1995.

Kavner, Richard, *Your child´s vision and total vision,* Kavner Books (P. O. Box 297, Milwood, NY 10546), 1978.

Kime, Zane, *Sunlight could save your life,* Penryn, California: World Health Publications, 1985.

Leviton, Richard, *Seven steps to better vision*, East West/Natural Health Books (17 Station Street, Brookline, MA 02146), 1992.

Liberman, Jacob, *Light medicine of the future*, Santa Fe, Nuevo México: Bear & Co. Publishing, 1991.

Lowen, Alexander, *Bioenergetics*, NuevaYork: Penguin Books, 1975.

Mendelsohn, Robert, *Confessions of a medical heretic,* Chicago: Contemporary Books, 1979.

Ott, John, *Health and light*, Old Greenwich, Connecticut: Devin-Adair, 1973.

Ott, John, *Light, radiation and you*, Old Greenwich, Connecticut: Devin-Adair, 1982.

Ponder, Catherine, *Dynamic laws of prosperity*, Englewood Cliffs, New Jersey: Prentice-Hall, 1962.

Ray, Sondra, *Loving relationships,* Millbrae, California: Celestial Arts, 1980.

Rotte, Joanna, y Koji Yamamoto, *Vision: a holistic guide to healing the eyesight,* Nueva York: Japan Publications, 1986.

Samuels, Michael, y Nancy, *Ver con el ojo de la mente*, Libros del Comienzo, 1991.

Schneider, Meir, *Self healing my life and vision,* Nueva York: Routledge & Kegan Paul Inc., Methuen Inc., 1987.

Scholl, Lisette, *Visionetics*, Nueva York: Doubleday, 1978.

Shankman, Albert, *Vision enhancement training,* Optometric Extension Program Foundation, Inc. (2912 S. Daimler St., Santa Ana, CA 92705-5811), 1988.

Simonton, Carl O., *Recuperar la salud*, Libros del Comienzo, 1992.

Smotherman, Ron., *Winning through enlightenment,* San Francisco: Context Publications, 1980.

Vissel, Joyce y Barry, *Models of love: the parent-child journey,* Aptos, California: Ramira Publishing, 1986.

Organizaciones

Association for Children and Adults with Learning Disabilities
4156 Library Road, Pittsburgh, PA 15234.
(Asociación de padres y profesores para ayudar a niños y adultos con problemas de aprendizaje.)

College of Optometrist in Vision Development
353 H St., Suite C, Chula Vista, CA 92010.
(Asociación de optómetras especializados en terapias de la vista.)

Imterapia
Caso, 67 - 5001 Zaragoza.
(Fabricante y distribuidor de gafas terapéuticas.)

International Society for Eyesight Education
c/o Robert-Michael Kaplan.
RR# 2, S-26, C-39, Gibsons, B. C. V0N 1V0 Canadá.
(Terapeutas de Estados Unidos y Canadá que pueden ayudarle a ver sin gafas.)

Optometric Extension Program Foundation, Inc.
2912 S. Daimler St., Santa Ana, CA 92705.
(Optómetras interesados en visión funcional.)

Platonia
Cabrera, 14. Manlleu (Barcelona).
(Empresa especializada en el método para la recuperación visual.)

Organización de consumidores y usuarios (O.C.U.)
Milán, 38. 28043 Madrid (Oficina central).
Rosellón, 205, 2.° 2.ª. 08008 Barcelona (Delegación).

American Optometric Association
243 N. Lindberg Blvd., St. Louis, MO 63141.
(La organización de optómetras más activa.)

Servicios y programas para mejorar la vista

A lo largo de mis años de práctica, he ayudado a la gente a mejorar su vista. Para alimentar su imaginación y ayudarle a ver con claridad todas las áreas de su vida, me comprometo a elaborar programas y servicios con la mayor integridad. Mi orientación es el resultado del estudio e integración de veintisiete disciplinas de la salud. Este libro es la culminación de mis veintidós años investigando el tema.

Las mejoras que experimente en su vista cambiarán su vida para siempre. Para ayudarle a personalizar su programa, pongo a su disposición complementos prácticos como productos para el cuidado de la vista (luces con el espectro completo, optotipos-C, gafas especiales, parches, etc.), cintas con instrucciones, conversaciones telefónicas y revistas especializadas. Hay cursos por correspondencia a disposición de aquellos interesados en convertirse en profesores de nuestro método.

En el **Inn-Sight Centre for Wellness and Vision**, mi consulta particular a pocas horas de Vancouver, en la costa de Canadá, ofrezco un entorno saludable para mejorar la vista. Los programas están dirigidos al público en general y a los profesionales de la vista, muchos de los cuales están incorporando mis métodos en su práctica habitual.

Mi compañera Lise y yo perseguimos una meta: poner al alcance de todas las personas del mundo los métodos holísticos para mejorar la vista.

Para recibir una copia de nuestro programa y servicios, póngase en contacto con nosotros.

Robert-Michael Kaplan
Inn-Sight
RR#2, S-26, C-39
Gibsons, B. C. V0N 1 V0 Canadá
Teléfono: (604) 885-7118; Fax: (604) 885-0608

Índice